重新认识日本文化

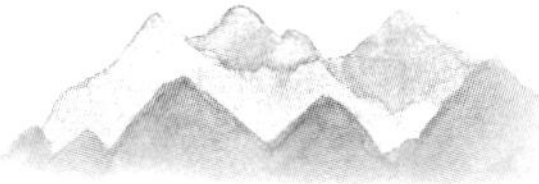

日本番薯记

潘德宝 著

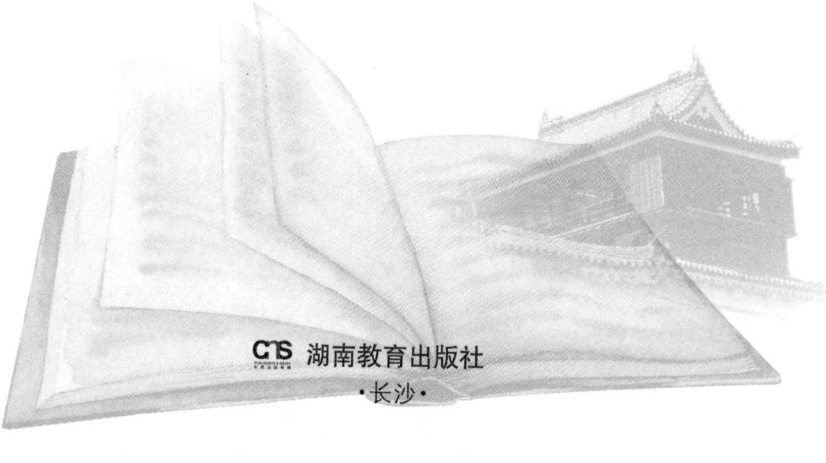

湖南教育出版社
·长沙·

图书在版编目（CIP）数据

日本番薯记 / 潘德宝著. — 长沙：湖南教育出版社，2023.12
（重新认识日本文化）
ISBN 978-7-5539-9821-3

Ⅰ. ①日… Ⅱ. ①潘… Ⅲ. ①日本文学—文学研究 ②文化研究—日本 Ⅳ. ①I313.06 ②G131.3

中国国家版本馆CIP数据核字（2023）第219395号

日本番薯记

RIBEN FANSHU JI

著　　者：潘德宝
责任编辑：黄康瑄
责任校对：任　娟
装帧设计：郑　琰
出版发行：湖南教育出版社（长沙市韶山北路 443 号）
网　　址：www.bakclass.com
微 信 号：湘教智慧云
移动应用：贝壳网 App
电子邮箱：hnjycbs@sina.com
客服电话：0731-85486979
经　　销：湖南省新华书店
印　　刷：长沙新湘诚印刷有限公司
开　　本：880mm×1230mm　1/32
印　　张：9.875
字　　数：200000
版　　次：2023 年 12 月第 1 版
印　　次：2023 年 12 月第 1 次印刷
书　　号：ISBN 978-7-5539-9821-3
定　　价：68.00 元

如有质量问题，影响阅读，请与湖南教育出版社联系调换。
联系电话：0731-85486723

自　序

虽然离开关西大学有四年之久，我还是偶尔想起沈国威老师曾在课上半开玩笑半认真地问："饿死那么多人，为什么不吃番薯呢？"话语中带着一点"何不食肉糜"的气息。不过，座中的年轻学生未必了解中国历史上那段荒诞的饥荒史，大概也未必能读出空气中"何不食肉糜"的况味。眼看没人能领会自己的冷笑话，沈老师才一本正经地梳理"番薯"的历史。番薯在日语里常称作"薩摩芋"，又被称为"アメリカ芋""琉球芋""唐芋"等，名字里就带着不同的地名，沈老师就从地名入手描绘了番薯的传播地图。大家才恍然大悟：名字就是历史。沈老师又说番薯的广泛种植使中国人口翻了好几番，于是，这种平常的作物在我心里也变得不平常了。听了这部格局近似

《糖史》的简明“番薯史”之后，回过头去想想他的“何不食薯”之问，真是有一种迷离之感。

本书虽然以“番薯”为题，但并不是研究番薯史，名不副实。取这个题目主要是怀念在沈老师的课上听“番薯史”的时光，怀念在日本那一段乱翻书的时光。躲在读音相近的“番薯”后面，让“翻书”不至于正襟危坐地假风雅，不至于一本正经，也不至于不太正经。说一本正经，是因为我去日本的那一年，名义上是为博士论文找资料。书中关于“文学”概念史的内容，都是为博士论文找的素材，有些材料最后用了，有些没有用，存在电脑里不免可惜。读书笔记最基础的就是摘录原文资料，以前的学者抄卡片，现在为了检索方便，都抄录到电脑上。其次是摘录观点，因为有些日文著作国内还不太容易看到，看到特别的研究思路，看到独特的材料解读，都很是令人兴奋的。最后是评述式的笔记，可以是针对一篇文章、一部著作的书评，也可以是通观一个领域、一个主题的研究综述，这类笔记可以上溯中国传统的提要类文字，又合乎现代博士论文格式的基本要求，我更认为这些是达到“眼高手低”的重要学术训练的途径，否则会一直在“眼低手低”的层次里打转。本书既抄录了原始文献，也摘录了日本学者观点和思路，偶尔还加入一些自己的见解，有些还打算发展成学术论文，读起来不免一本正经，借着“番薯”之题或许可以稍稍遮掩一下枯燥无味。

说不太正经，是因为我读书杂乱，没有什么大计划，偶尔在关大图书馆翻到有趣的书，不管跟博士论文有没有关系，就放下手头的博士论文先读起来。有一次，我看到关大图书馆居然藏有俞樾的若干信札，便马上着手调查一番，释读不了还请教卢康华兄。我从沈老师那里得知古城贞吉在上海留下了一部日记手稿，于是也去复制、整理，被日记中潦草的“叔蕴”“叔言”这些字迹困扰了许久，后来才确定就是大名鼎鼎的罗振玉。这个乱翻书的习惯，导致我的博士论文进度偏离轨道，为了赶毕业，有好些内容没有放进博士论文中详细展开。

说是“翻书记”，但有些文章却是游记。去日本之后，温州图书馆卢礼阳先生令我写写在日本买书找书的趣事，发表在他主编的《温州读书报》上，结果连游记也拿去凑数，还将专栏题为“扶桑记游”，礼阳先生也并不介意。这次就保持原样，不作改动。说是“日本翻书”，但有些书却是回国后读的，当然，所读的多是日本学者的论著。在日本一年，最开心的经验就是买书，一开始还犹犹豫豫，因为日本书价远高于国内，一本研究《山海经》的学术书，定价近一千元人民币，想着也不专门研究就放弃了。多去了几次吹田市江坂町天牛书店，慢慢地适应了日本的书价，旧书店、古书网当然要买，京都的古本祭当然也要赶去，甚至连学校附近的 BOOKOFF 也去翻一翻。最后积书成山倒，读书如抽丝，根本没有办法一下子看完，只好打包寄回家，好几大箱子，还被海关扣住，颇费一番周折才取回。

除了买，还有复印，借关西大学研究室之便，扫描了不少不容易买到的书籍，制成电子版，避免室小书多的苦恼。因为这些带回来的书籍，回国后还写了不少读日本书的笔记。

既然名不副实，不妨以“番薯”替代“翻书”，可以如实地名不副实。这两年也写了几篇书评，也干脆混在读书笔记之后。不去攀附书话的书写传统，因为没有周作人那样的见识和文笔可以纵横捭阖，这里介绍的都不是什么枕中鸿宝，写不成“日本访书记”。虽说介绍的大多是日本出版的学术书，有些书目前国内还不容易找到，但相信越来越多的学者会将这些好书译成中文，我只不过是先睹为快，提供一些学术信息罢了。这些笔记只能算是粗浅的学术训练的印迹，很平常，就像番薯那样。最后还要特别说明的是，部分文字曾以专栏的形式发表在《书屋》上，以及此次结集出版，都应该郑重感谢刘文华学长的督促。

二〇一七年九月十日晚

目　录

文史漫录

扶桑记游

文学概念

附录

文史漫录

邓梅羹是谁？

竹村则行著，《中国近現代における『中国文学史』纂述に関する基礎的研究》，福冈：九州大学，2008年。

这份资料是竹村则行的研究成果报告书，收录若干篇论文、演讲，照国内的标准看，它并不是正式出版物。笔者向日本国立国会图书馆借出该报告书时，得知该研究成果还附带了一份正式出版物：邓梅羹的《中国文学史纲》全书影印版。该书未著录于陈玉堂《中国文学史书目提要》和黄文吉《台湾出版中国文学史书目提要》之附录《中国文学史总书目（1880—1994）》。竹村则行影印《中国文学史纲》是因为其论文《邓梅羹〈中国文学史纲〉与谭丕模〈中国文学史纲〉》提出了一桩著作权疑案：邓梅羹《中国文学史纲》（1932年4月初版、

1933年11月再版）与谭丕模《中国文学史纲》（1933年8月版）正文完全一致，甚至连印刷的浓淡、字型、误字也完全相同，可以确定两书实为同一版本。所以，后出的谭丕模是否拥有《中国文学史纲》的著作权就非常引人关注了。

谭丕模（1899—1958，湖南祁阳人）是著名的文学史家，有多个笔名，但其传记《文学史家谭丕模评传》一书中并未提到有“邓梅羹”者。谭氏名下《中国文学史纲》有多种版本，被称为最早以唯物史观编撰的中国文学史，初版由北新书局出版于1933年8月，谭著的《自序》称该书以其北平师范学校任教时的讲义为底本改写而成，十二章以前的部分材料是由其妻子代寻的，第一至四章中“原始”字样为“初期”两字之误。竹村则行认为这篇《自序》应是谭丕模本人的文字，并指出最后关于“原始”为误字的说明读来略不协调。二十世纪四十年代以来，谭丕模不断修订、重写《中国文学史纲》，商务印书馆1954年版《中国文学史纲》的《后记》中，谭丕模确认了自己的版权：

从一九三〇年起，我先后在北平师范学校、民国大学、中山大学、桂林师院、湖南大学、北京师大教授中国文学史，这样给我一个比较长期学习中国文学史的机会。一九三三年，我把在北平师范学校讲授中国文学史的讲义在北新书店出版了一部《中国文学史纲》；一九四七年，我又把在桂林师院讲授中国文学史的讲义一部分在桂林文化供应社出版《中国文学史纲》第一分册，当时有些报纸、杂志刊载介绍文字、批评文字，给我很大的鼓舞。

竹村则行影印的《中国文学史纲》原由神州国光社初版于1932年4月，再版于1933年11月，标价八角。初版早于谭著，再版略晚于谭著，作者题为邓梅羹。关于邓梅羹，竹村则行仅列出两点：一、二十世纪三十年代，邓梅羹曾在吕振羽的领导下与谭丕模等一起参加中国共产党的活动，这可以确定邓与谭并非一人；二、邓氏另有《资本主义与世界殖民问题》一书。关于邓梅羹的《中国文学史纲》，竹村则行注意到该书前有时任北京大学教授的刘复（1891—1934，字半农）的序言，经考证，竹村则行认为该序言为刘半农的佚文无疑。刘序交代1930年冬，邓梅羹持材料与刘半农商议编辑的主旨，隔年冬，邓梅羹再携书稿请刘半农订正，邓著的版权页上正题着“订正者刘复”。

通过简单查阅，有几点可以补充竹村则行的论述。据叶桂生、刘茂林《吕振羽的治史道路》（《文献》1980年第2辑）一文，1930年，吕振羽在北平与中共地下党员郑侃、杨缤、刘穆等创办《新东方》月刊，成立“东方问题研究会”，该研究会的理事有郑侃、宋斐如、谭丕模（“模”原文误作

“漠”）、邓梅羹等。谭丕模的传记《文学史家谭丕模评传》确认了谭丕模曾参加、组织该研究会，但没有提及邓梅羹的名字。这说明两部《中国文学史纲》出版前，邓梅羹与谭丕模曾在北平共事，两人应该互知对方的情况，但两著中皆未提及对方著作的存在。

有意思的是，邓梅羹《资本主义与世界殖民问题》（神州国光社，1932）一书的最后，有谭丕模《新兴文学概论》《文学思潮之演进》（皆为文化学社出版）两书的广告。而《资本主义与世界殖民问题》的广告见于邓梅羹《中国文学史纲》书后，想必《资本主义与世界殖民问题》为邓氏所著无疑。该书《自序》中称：邓梅羹1929年主编《北平日报》，1930年《北平日报》停版，邓梅羹转而接编《三民半月刊》，1931年春写出了“问题”的一章，而后离开北平，辗转津、京、沪、粤，直到1932年2月回到北平，完成《资本主义与世界殖民问题》。在《三民半月刊》上，邓发表了《日本为什么要侵略满蒙呢？》（1930年第7、8期）、《东方民族革命之展望》（1930年第9、10期）、《中国劳动界之生活费》（1931年第6期）等文，也可见其兴趣之所在。

《日本教育考察记》（华光女子中学出版部，1936）一书的作者也题作邓梅羹，该书的最后也有《资本主义与世界殖民问题》一书的广告。该书的前面有《附参观团团员履历表》，可知当时考察团团长为王桐龄，邓梅羹为副团长。邓梅羹履历曰："湖南省，历任国立北平师范大学讲师，朝阳大学、民国大学等校教授，现在东京帝国大学大学院研究。"并未说明在日期间的身份。王桐龄（1878—1953）曾在日本东京帝国大学求学，后任教于北平师范大学，乃著名史学家。时任北平师范大学校长的李蒸为该书题词。据此书的自序可知，邓梅羹辞去北平各大学教职，"重游东土"，1936年在东京帝国大学研究室完成序文。《国立北平师范大学校务汇报》1935年第155期上，邓梅羹曾刊出一则自己在日本东京通信地址的启事，言及"客岁东来……现已入东京帝国大学文学院，从事研究工作"，正与此前述履历相合。另外，《文化与教育》1937年第122期、第124期分别发表了邓梅羹的译文《朱子学禅期考》（后藤俊瑞著）、《从论语上观察"仁"的意义》（山口察常著），也印证了邓氏学过日语的背景。想必是邓梅羹、谭丕模等人在二十世纪二十年代末办报活动之后，都转向教育战线，于三十年代中期在北平师范大学等大学任教，也即此时两人仍有可能相互接触交流。

寻霖、龚笃清编的《湘人著述表》（岳麓书社，2010）同时收录了邓梅羹和谭丕模，显然也认为这是两个不同的人，在邓梅羹条目之下，指出邓梅羹为湖南衡阳人，著述中列出《资本主义与世界殖民问题》《崩溃中的日本》两书。《崩溃中的日本》（敌情研究会，1943）就是《敌情研究》（国民出版社，1940）的再版。《敌情研究》的《自序》中也提到了其留学日本的经历，与《日本教育考察记》的记载吻合，邓梅羹时在浙西天目山任“浙西行署干部训练团教官政工大队第二大队队长”（见贺绍英编《追思》，中国文史出版社，2009，第187页），此一时期邓另有《浙西二十八年对敌行政之总检讨》（浙西民族文化馆，1940）一书。1943年再版《崩溃中的日本》时，邓则到了福建南平。

除若干篇论文外，则未见邓梅羹更多的信息了，甚至连其生卒年也未能确定，希望有人能来解惑，更希望有人能解决竹村则行提出的关于邓、谭两氏先后出版的《中国文学史纲》正文完全相同的著作权疑案。

杨贵妃文学史

竹村则行著，《楊貴妃文学史研究》，东京：研文出版，2003年。

竹村则行《杨贵妃文学史研究》一书从李、杜的杨贵妃书写说起，指出虽然人人尽知杨贵妃，但很多事实尚未厘清；认为白居易《长恨歌》和陈鸿《长恨歌传》奠定了杨贵妃故事的基本框架，杨贵妃的悲欢离合开始与唐朝的兴衰荣辱相绾结；到了中晚唐时期，杨贵妃故事的主题，更凸显对已逝去的盛唐之荣华富贵的回顾，往往用以对比眼前的衰落；到了宋代的《梅妃传》更丰富了杨贵妃的性格，并影响了后来的《梧桐雨》《惊鸿记》等作品；而洪昇的《长生殿》则是集大成性质的作品。全书打破诗文词曲的畛域，可谓杨贵妃故事演变的体系性研究；尤其令人惊喜的是全书迄于鲁迅的腹稿《杨贵妃》，打破了古代文学与现代文学的界限；而将一部并不存在的作品列入文学史讨论，则为中国文学古今演变研究提供了一种新的视角。

著者根据许寿裳、郁达夫、孙伏园的记载，考定鲁迅曾计划写一部以杨贵妃为题材的小说或戏剧，认为戏剧的三幕题目可能是“清平乐”“舞霓裳”“雨淋铃”，展示出鲁迅对李、杨爱情的重新认识：唐玄宗与杨贵妃的爱情誓言反倒看出两人已无爱情，否则何须立誓？否则为何以天子之尊也不能保全爱妃性命？可惜这部令人期待的作品始终只是腹稿，并未形成文字，这主要是因为鲁迅的西安之行。著者认为鲁迅亲见之西安与阅读所得之西安相去甚远，经过“时间旅行的幻灭”，鲁迅最终放弃了杨贵妃故事。这一论述展示了文学史现场的神秘力量，显示了文学史现场还原的必要性，同时也展示了文学史论述的多种可能性。

竹村则行的文学史论述多以考据的面目出现，如：考订《白氏文集》中所附的陈鸿《长恨歌传》其实经过白居易改编，实则可以算作白居易本人的作品；第五章的标题就是“《华清宫和杜舍人》诗的作者是谁？”，通过细致的考察，最后定为张祜；考证《隋唐演义》对《惊鸿记》的袭用等。书中大量的版本、语句乃至语词的对比，无不显示著者考据的功力，初读之下，颇以为这样正显示了日本学者论学的特色：小切口、重实证。

但是，我要指出的是，此书在考证的外表下有着一颗文本主义的心。著者认为杨贵妃可能出身于南方的低贱人家，根本不以新旧《唐书》所载为依据，史传在真实性上并不具有优先地位，著者仅视其为整个杨贵妃文学史之一环而已，很有后现代史学的特点。著者指出“一骑红尘妃子笑”的“笑”不只解作“喜形于色”的开心，而是从互文性的角度，指出杜牧《过华清宫绝句》三首是一个整体，都是以骊山为背景，而“骊山”与“笑”的结合，还有一个“前文本”，即《史记》中周幽王烽火戏诸侯为博褒姒一笑而身死骊山的故事，在这样的文本脉络中，杜牧笔下的“笑”获得了更为丰富的阐释，这样的考证通向了接受美学。再比如第十六章《〈长生殿〉的季节推移》一文，指出《长生殿》中唐玄宗与杨贵妃爱情故事的时间与史实不符，故事的季节变换是与情爱的转变相应的，这颇有文学人类学的论述角度了，而且说明这种故事时间与史实时间的分离始于《长恨歌》。这样，每一个论述的对象既处于每个时代共时文本的观照中，也处于历时文本的互文体系中，这也正是著者关于中国文学演变论述方法的巨大贡献。

从读者的角度看，日本学者的这册杨贵妃文学史，还缺少

“日本”这一环节。众所周知，杨贵妃甚至在日本还有坟墓，这更增加了李、杨爱情的浪漫气息，而此书极少提到杨贵妃文学史在日本的发生与演变的过程。期待著者再接再厉写出杨贵妃文学史的“日本篇”。

《中国的文学史观》

川合康三编，《中国の文学史観》，东京：创文社，2002年。

这书出版至今已有十年，这十年间中国学者关于文学史学的研究成果丰硕，如戴燕《文学史的权力》、陈国球《文学史书写形态与文化政治》、董乃斌等《中国文学史学史》《文学史学原理研究》、陈平原《作为学科的文学史》等已先后出版，讨论的议题更为丰富，而且《中国の文学史観》收录的十篇论文中，有三篇是由蒋寅、陈国球、戴燕三位中国学者所撰，使该书带有中日共同研究性质，其提出的问题和提供的线索值得深入讨论。

最重要的线索是该书的资料编《日本刊行的中国文学

史》。这个资料编列出日本明治时代刊行的《中国文学史》共十七部，大正至二战前共九部，二战后至平成九年共十九部，每条书目都撰有详细的提要，多数还附录目次，以便读者得知其概况。这些资料的重要性主要体现在《中国文学史》编纂的发生学研究上，晚清民国时期中国人编纂文学史书与明治时代刊行的《中国文学史》有着密切的联系，从学科建制到著述体例，从章节编排到具体论述，从文学观到文学史观，日本学者对中国文学史研究都有着重要的影响。明治时代的《中国文学史》编纂在学习西方的同时又影响着中国，这可以说是学术全球化的重要中介，有必要根据该书提供的线索深入研究。

本书中多次提及并引起我兴趣的是关于“最早的中国文学史”问题。日本最早以“文学史”为题刊行的著作为末松谦澄的《中国古文学略史》（1882），如吉川幸次郎《中国文学研究史》一文批评的那样，末松谦澄此书虽题作“文学史”，但从内容上看，却不能算作“文学史”，而是以英国式的功利主义为基础的诸子学论述。明明题作“文学史”而又不能看作是“文学史”，这样的问题在中国也有相似的例子，林传甲的《中国文学史》也被认为是“错体”的文学史。这些日本的中国文学史著作又涉及中日、东西的文学、文化交涉，理应得到国内学界的重视，因为这些是非对错之间的判断，其实也是一个“文学观”和“文学史观”的问题。

“现实描写”的历史

小松谦著，《「現実」の浮上——「せりふ」と「描写」の中国文学史》，东京：汲古书院，2007年。

小松谦著有《中国历史小说研究》《中国古典演剧研究》等，在这些具体研究的基础上，他在《现实的浮上——说白与描写的中国文学史》一书中探讨了更大的问题：二十世纪初，文学革命和鲁迅出现以来急遽发达的“现代小说”，果真只是因为西洋冲击而诞生的吗？与此同时，中国文学自身有无其源头？全书经过八章细致论述的长途跋涉，在《终章：“现代”的登场——文学革命之原因》中给出了答案：初见之下，“现代文学”是模仿西方文学的产物。但是通过本书的论述可知，宋代文言文的地位确立以来，口头语言也在缓慢地书面化，

“现代文学”不过是这一书面化运动的归结点罢了，而西方文学的影响只是最后阶段的助推器而已。作者认为“现代文学”是“前现代”中国文学自身孕育的结果。

作者这一结论的切入点是“现代文学”与“现实描写”两者“不可须臾离”的特点，或者可以说作者将“现实描写”作为“现代文学”的主要特征来处理。所谓“现实描写”是指通过语言精细、客观地再现环境，这里的“现实”不是包括人类在内的自然环境，也不是指社会现实环境，而是指某一时代作者亲身经历或目击后所反映出来的主观情景。要讨论“现代文学”这一特点，就必须回到文学的语言研究上来。该书第一至四章分别为《中国书面语言的出现》《书面语言的确立》《书面语言的展开与现实描写》《多用途书面语言的诞生与现实描写的成立》，第五、六章为《白话文学的登场》《白话文学的确立》，就是以语言为中心来分析“现实描写”的演变过程，在第七、八章《“现实”的浮出》《通向“现代”》中才正面论述“现实描写”与“现代文学”的关系，全书紧扣文学与语言关系来讨论。这其中“白话文学”隐隐成了全书论述的主轴，因此有论者将此书视为胡适《白话文学史》、郑振铎《中国俗文学史》一类的著作（土肥克己《書評：小松謙著『「現実」の浮上——「せりふ」と「描写」の中国文学史』》，载于《未名》，2008）。

这对中国文学古今演变研究当然很有启发意义，“现代文学”的论述从先秦《尚书》开始，“前现代”的《史记》有着戏剧性描写，而宋元的说唱艺术也是“现代文学”的嚆矢，明清声色大开的白话小说更是“现代文学”的先声，这样的论述思路，不再着重于“现代”的地理属性，而是回归其时间属性，为“现代文学”的讨论别开生面。

（以上原载于《书屋》二〇一三年第四期，部分文字略有修订）

《明治的汉学者们》

町田三郎著，《明治の漢学者たち》，东京：研文出版，1998年；《明治の青春：続明治の漢学者たち》，东京：研文出版，2009年。

町田三郎《明治的汉学者们》及其续篇大多以汉学者为中心展开论述。日本研究汉学者的著作其实颇多，如吉川幸次郎编著的《东洋学的创始者们》（讲谈社，1976）、砺波护和藤井让治编著的《京大东洋学百年》（京都大学学术出版会，2002）、陶德民的《明治汉学者与中国：安绎、天囚、湖南的外交论策》（关西大学出版部，2007）等。其中《京大东洋学百年》多为名家论名家，如我最感兴趣的是兴膳宏论吉川幸次郎，犹如杜甫写李白，实在令人心动；陶德民则讨论重野安绎、西村天囚、内藤湖南三人的中国观，颇多新见史料，论述引人入胜。因为这些著作中部分论文已经翻译成中文，读者自可查阅。另外，李庆的《日本汉学史》（上海外语教育出版社，2002）对汉学家的介绍相当完备，该书出版以来，已经取代了同类研究。

相比之下，町田三郎这两本著作在规模和视野上并没有特别之处，不过，作者的关注点倒是值得介绍。《明治的汉学者们》（本书在大陆尚未有中译本）一书首篇《明治汉学备忘录》将明治时期四十余年的汉学分为四期，每个时期都有各自的重心：第一期从明治元年到明治十年，主要表现为汉学的衰退与启蒙思想兴盛；第二期为明治十年初到明治二十二三年间，主要为东京大学古典讲习科与斯文会的活动；第三期为明治二十四五年间到明治三十五六年间，表现为东西哲学的融合与关注日本学；第四期为明治三十七八年到明治末年，主要表现为日中学术综合、汉文大系面世。这里以事件为中心展开的汉学史划分，是值得思考的。

明治十二年（1879），东京大学的综理加藤弘之向文部省提案设置古典讲习科，但未获得允许。明治十四年（1881）再次建议而获得许可。明治十五年（1882），附属于文学部的“古典讲习科”成立，主讲“国学”，而后设立专门讲授“汉文学”的讲习科，至明治十七年（1884），分别改称为“国书课”“汉书课”。当时招生名额计四十名，而明治十六年（1883）第一届报名人数达一百六十名。

该书中《东京大学“古典讲习科”的人们》一文通过学生的回忆重现“古典讲习科”的历史场景，指出明治维新以来硕学凋零，汉学命脉几乎断绝，而“古典讲习科”具有承前启后的巨大作用。虽然它在历史上存在的时间并不长，犹如民国时期的清华国学研究院，但同样在学术史上有巨大影响。在我看来，网罗中村正直、三岛毅、岛田重礼、井上哲次郎等人进入“古典讲习科”的教授阵营，其实就是让古典学研究进入现代学术体系，更何况“古典讲习科”还培养了一批著名的学生，其对汉学的意义当然重大。作者因此视之为此一时代汉学发展的重要事件，自然很有说服力。

《关于〈汉文大系〉》一文介绍了明治四十二年（1909）至大正五年（1916）间刊行的大型丛书《汉文大系》的情况。该丛书由富山房出版社社主坂本嘉治马提议，服部宇之吉编集，解题者有重野安绎、星野恒、小柳司气太、安井小太郎、冈田正之、岛田均一、儿岛献吉郎、井上哲次郎等一批汉学研究最高水平的学者。该丛书共二十二卷，计三十八种，选目可谓是中国古典知识系统的基本图书。刊行这一丛书，通过精审校注、详细提要解说，介绍了中国古典图书的代表作，同时也是幕末以来日本汉学成果的集大成者，作者还说明了该丛书也吸收了当时中国古典学的研究成果，可以说这一丛书在世界汉学史上具有里程碑意义。

《明治的青春：明治的汉学者们续篇》一书也是以汉学者研究为中心，不过视野较前书为广，个别论文的论述更为细致，如《久保天随的日本汉学史研究》一文比较具体集中在汉学者的汉学史研究上。该书中《福冈的汉学》一文的视角比较少见，一般认为福冈人尚武重商，而作者则以人物为经，以教育为纬，展示了日本汉学的地域传播特点。

明治的汉学

三浦叶著，《明治の漢学》，东京：汲古书院，1998年。

《明治的汉学》书中《明治汉学的盛衰》一文，与町田三郎《明治的汉学者们》对明治时代汉学发展的认识有所不同。了解不同立场、不同视角的学术史划分，有助于整体把握明治汉学的发展。町田三郎侧重于以事件为标志的划分，而三浦叶此书则侧重于汉学与洋学此消彼长的竞争状态。

作者指出明治初期延续幕府而来的汉学素养尚存，至明治五年（1872）政府发布《学制》，取缔私塾，汉学开始衰退，至明治八九年（1875—1876）间以汉诗文为主的几种杂志刊行，可见汉学已成欧化背景下的一种潜流。明治十五年（1882），东京大学设古典讲习科，地方上三岛中洲的二松学舍、岛田篁村的双桂精舍、蒲生䌹亭的有为塾等也开始发力，京都的草场船山、大阪的藤泽南岳等塾生达到三四百人，汉学在洋学盛行的背景中也仍有一定势力。直至明治十八年（1885）森有礼主政文部省，推行欧化教育，私塾衰退，汉学衰微。

明治十八年后，汉学的首要任务是反欧化宗教、道德，针对提倡欧化的《国民之友》杂志，汉学者们也创办《日本人》提倡国粹主义。明治十九年（1886）东洋学会成立、明治二十三年（1890）哲学研究会创立（后改称“东洋哲学会”），一时之间东方哲学研究兴起，当然，这也是在欧化背景下展开的。当时日本人的中国观发生了变化，学者也开始在中国史学研究上开始用力，至明治二十八年（1895）儿岛献吉郎《东洋史纲》、三十年（1897）市村瓒次郎《东洋史要》、三十一年（1898）桑原骘藏《中等东洋史》等刊行，一时风头颇盛。从作者的论述中，我们可以体会到汉学其实在欧化思潮刺激下有所发展。从这个意义上看，该书对明治以前并非“不知有汉”，而是侧重于“学”的逻辑，与李庆《日本汉学史》具有相近的“汉学”范畴观。

该书还特辟四章来交代明治时期的各种汉学观，其中第一部第五章《启蒙思想家的汉学观》尤其值得细读，作者详细列举了新岛襄、内村鉴三、中村敬宇、福泽谕吉、西周、加藤弘之、中江兆民、西村茂树、井上毅的汉学观，这些观点在一定程度上左右了汉学的发展。第六章还介绍了明治时期文人学者如高山樗牛、大町桂月、田冈岭云、山路爱山的汉学观。在汉学史著作中回顾汉学观，这对学术史写作很有启发意义。

该书对明治时期中国文学的研究并不特别深入，只是介绍了当时几部中国文学史，作者认为这些中国文学史之作可能是受到了日本文学史写作的启发。众所周知，这些日本汉学者写的中国文学史对中国人编写中国文学史有一定影响，可惜目前关于日本文学史写作与中国人编写中国文学史之间的联系少有人发掘。作者对这些文学史的介绍颇为简略，倒是相关几篇文章对这些文学史的作者作了比较深入的论述，如第二部第一章主要是论述“赤门文士”，第二章直接讨论儿岛献吉郎，相关资料都值得注意。

关于“赤门文士”，目前国内学界的研究并不多。作者称这批“赤门文士”为新汉学者，他们都毕业于东京帝国大学文科大学汉学科（关于东京大学的学科发展，可参见东京帝国大学所编的《东京帝国大学学术大观》《东京帝国大学五十年史》等论著），校内的“赤门”为其重要标志。这一学科的毕业生中，汉学科有藤田丰八、狩野直喜、桑原骘藏、白河次郎、久保天随、铃木虎雄等；国文学科有大町芳卫、武岛又次郎等；国史学科有笹川种郎、幸田成友等；哲学科有姉崎正治、蟹江义丸等；汉学科选科有田冈岭云、小柳司气太等；哲学科选科有西田几多郎。这一批赤门文士其实就是后来汉学界的中坚力量，其实值得从教育史、汉学史等多角度作一个群体研究介绍给中国学界。

虽说此书出版已有一段时间，其中所论在今天看来似乎也失去了前沿性，比如作者在书中概括出明治汉学的四个特点：一为洋学的影响甚深；二为学风较幕府时代更为自由活泼；三为明治汉学家具有国际视野；四为颇重汉字研究。看起来是卑之无甚高论，但作者引证的材料却仍值得关注，如在第三点中作者指出明治时期，很多汉学家用汉文来翻译西方作品，不但有文学作品，甚至连卢梭的《社会契约论》也被中江兆民翻译成了汉文《民约译解》，这一现象似乎还没有引起国内学者重视。

《汉学与洋学》

岸田知子著，《漢学と洋学：伝統と新知識のはざまで》，大阪：大阪大学出版会，2010年。

三浦叶的《明治汉文学史》从汉学与洋学的关系角度下考察汉学，其所谓的汉学几乎可以说是西方学术体系下的产物，是“洋学”所催生出来的一门学问。但汉学与洋学的关系还存在着另一种形态。岸田知子这本《汉学与洋学：传统与新知识之间》描述了现代学术体系建立之前的“汉与洋”的关系。

该书所谓的洋学，其实是指幕府时代的兰学，更具体地说是从荷兰人那里传来的医学。医学在日本学术史上的意义可能与地理学在中国学术史上的意义相近，这些知识传入之初可能是作为传统学问、技术的一种旁证，但它们所具有的强大实证能力，颠覆了传统知识分子对世界的认识。传入中国的地理学打破了中国人的天下观，而传入日本的荷兰医学也具有类似的作用。

从文化交涉的角度看，它们是如何进入传统东方学术体系的呢？岸田知子该书中《洋学者们与汉学》一文列表统计，指出当时很多学者是用汉文来吸收兰学的。笔者所见《重订解体新书》就是以汉文写成的医书，虽然书中加了假名训读，若当时的读者不精通汉文，恐怕无法接受西方医学。从这一点可以看出，所谓兰学要搭上汉学的车才能进入日本，而明治时代汉学要进入现代学科体系才能发展，这时洋学成了那辆搭载的车，这之间的变化很值得深思。

不过，岸田知子该书属于普及性质，对于学术史和思想史角度的阐发是不足的，该书介绍了中国的五行与兰医中的四元，介绍了幕府时代兰学学习的情况，介绍了当时日本学者如何运用朱子学中格物穷理的观念来接受兰医，但总体上来看，仍多属于介绍性的文字。我希望读到是“汉学”观念映照下的“洋学史”，这在中国和日本似乎都还没有理想的著作。

近代日本的汉文学

村山吉广著，《漢学者はいかに生きたか：近代日本と漢学》，东京：大修馆书店，1999年。

本书的主体当然是八位汉学者的传记，也许题目可以译成“汉学者传略：近代日本与汉学”，不过全书第一部分有三篇文章分别介绍了明治以来的汉文学情况，对于汉文学的发展，倒是可以参看。该书中《明治的汉学》一文就与三浦叶的写法非常不同，三浦叶侧重于学术性的汉学研究，相比之下，本书作者的“汉学”则侧重于汉文学，他认为明治时代虽然洋学盛行，汉诗文创作也非常发达。作者认为明治中期可以说是“爱好汉诗文”的时代，社会上层人士倾倒于汉诗文，甚至流传有“现在参议都是书生”的话头，他们出口即为汉文，出手即是汉文调的文章，当时较为流行汉文和汉文直译体。其次在现代新语词的形成中，当时学者往往援用汉语词汇，甚至借中国古典语词创制新词。对明治汉学两种不同的论述，正可以丰富我们对明治汉学和汉文学的认识。

该书中另有一篇《大正、昭和的汉学》描述了孤军奋斗的汉诗文作家，但将历史追溯到中日甲午战争时期，认为日本战胜以后，国民心态急剧膨胀，报纸杂志上的“汉诗栏”渐次衰退，终于消失，而汉诗文作家也迅速减少。作者所举例的汉诗文作家仅寥寥数人，如国分青崖以批判时事的“评林诗”闻名于世，而后就是东京帝国大学的几位毕业生，包括久保天随和铃木虎雄等人。至于在汉文学的形态上，则已大不如明治时期的前辈了，他们开始以日语翻译汉诗，当时称为“汉诗和译”，著名的有土岐善麿、佐藤春夫、井伏鳟二等人。

《战后社会与汉学》一文从仓石武四郎说起（仓石武四郎也有《本邦汉学之发达史》的讲义）。仓石武四郎关于训读的观点，在本书作者的笔下成了汉学转型的标志性事件，汉学开始蜕变成东洋学。这一转变并非只是一个名词上的变化，而是整个学术体系的调整。

欧美汉学和中国国学研究，似乎有着共同的研究对象，甚至在研究方法上也可以互通有无，其区别看起来只是研究者的身份不同。但从学科体系的角度看，中国学术研究对象往往从时间上分，如先秦思想、唐宋文学、明清史等，虽然国学研究的定义言人人殊，但最大的共识应该是在时间上；而欧美汉学研究往往从属于东亚系，是作为区域研究而展开的。换言之，国学是历史研究，欧美汉学则是地理研究。而日本汉学却近于中国的国学研究，日本汉学转向东洋学，事实上就成了历史研究转向地理研究，虽然他们也还是关注古代中国，但论述的前提却转换成了当下。本书作者认为，二战结束以来，日本东洋学界取得了相当好的成绩，凌越欧美汉学自不待言，很多成果连中国学者都不能无视，可惜未作详细分析。

（以上原载于《书屋》二〇一三年第八期）

新发现欧阳修书简九十六篇

东英寿著，《歐陽脩新発見書簡九十六篇：歐陽脩全集の研究》，东京：研文出版，2013年。

日本九州大学东英寿教授致力于欧阳修研究近三十年，发表了若干相关论著，但从未预想自己能发现欧阳修的佚文，更不敢想象是数量巨大的九十六篇佚简。原因很简单，欧阳修这样的一流文人一直为世所重，自南宋编纂一百五十三卷的《欧阳文忠公集》以来，直至明清，其诗文数量相当确定，清代欧阳衡找到七篇佚文，已是十分难得了，今天想找到欧阳修一两篇佚文难于上青天。所以，2010年6月，东英寿教授发现这九十六篇佚简时，也不敢贸然确信，经过考证确认后，至2011年才向学术界公开了这一消息，随即引起东亚媒体和学术界的高度关注。东英寿教授所发现的九十六篇佚简，现在已经发表在《中华文史论丛》（2012年第1期）上，而且也有了一些相关的研究。

东英寿教授这本《欧阳修新发现书简九十六篇：欧阳修全集研究》披露了发现佚文的经过和相关版本考证。全书上编主要考证九十六封佚简的真实性，其中第二章为九十六封佚简的整理校点稿，已发表的校点稿将底本的文字改为通行字体，本书中的校点稿力图再现底稿文字字形，唯一遗憾的是没有影印全部佚文内容。下编主要对欧阳修全集版本源流的考证，其中有三篇是书评，对中国出版的几种欧阳修文集作了直率的评论。全书最后还有一个附篇，记叙了寻找考证相关版本和佚文的经过。

这里根据该书，先说说东英寿教授何以发现这些佚简。他是在研究《欧阳文忠公集》版本问题时发现这批佚简的。《欧阳文忠公集》一百五十三卷为南宋周必大等人编纂，目前能见到的宋刻本有中国国家图书馆藏本十种；台湾藏本三种，一种破损严重，无法考察，另两种记录已表明是复刻本；日本宫内厅书陵部藏本一种，存六十七卷；奈良天理大学附属天理图书馆藏本一种，东英寿教授就是从这个本子上发现九十六篇佚简的。“天理本”虽有后人补写，但最大程度上保存了宋刻原貌，因此被日本定为国宝，能接触到的人比较少，这是佚简一直不为人知的原因之一。第二个原因是图书馆目录著录和先行研究都认为“天理本”与“宫内厅本”皆为周必大原刻本，与中国国家图书馆所藏的一种相同，所以一般人不可能会想到其记载错误，加上中日两国之隔，更是难以对这些版本加以比对，事实上东英寿教授说自己获得国宝“天理本”和“宫内厅本”的复印件已经有十年左右，但一直没有意识到佚简的存在。

比对几种通行的本子之后，东英寿教授决定到北京仔细核对，才能确定这些佚简的可靠性。他在中国国家图书馆通过胶卷查看了十种内的八种，另两种没有胶卷，不能查看，不过恰巧这两种也缺失书简部分，对调查不影响。他在其中一个仅剩九卷的本子中，发现了“天理本”佚简的九十六封中的三十六封。这让他很沮丧，因为他原先假设这些佚简是“天理本”独有，不过，转念一想，这也证明了“天理本”的佚简并非日本人的伪作。

接下来就是要确定这些佚简的来源，也就是这几个宋刻本的关系问题。《关于周必大原刻本〈欧阳文忠公集〉》一文指出，《欧阳文忠公集》一百五十三卷由南宋周必大整理刊行，而中国国家图书馆所藏的“邓邦述跋本”就是当时的原刻本，该本仅存二十至二十三共四卷，其中第二十卷最后，其他版本添加了一段编校说明，而此本独缺，应该可以证明其为原刻本。这个本子原先没有引起东英寿教授的注意，当时他去北京，通过朋友联系到了图书馆的人，希望复印另外一个本子，但送来的却是这个四卷本，最后通过比对，认为这正是周必大的原刻本。

第二次刊行的刻本比原刻本增加了十九篇书简。通过刻工名字等相关调查，可以确定日本“宫内厅本”与东英寿教授称为“国图本”（四十六册，卷三至卷六、三十八至四十四、六十一至六十三、九十五、一百三十四至一百四十三配明抄本，该本国图藏有三种，另两种残缺更多）的为同一版本，东英寿教授认为原刻本刊行之后，周必大等人又找到了十九篇书简，就直接加在“书简”部分的相关位置。这一系统的版本后来进入明代内府，而明代内府本为目前各种通行版本的祖本，如清代欧阳衡本、民国四部丛刊本、四部备要本等，即这些本子的祖本与“国图本”相同。

“天理本”是原刻本的第二次增订本。“天理本”的刻工名字与“国图本”“宫内厅本”皆不相同，该本在中国国家图书馆也藏有一个仅九卷的残本，东英寿教授认为这是周必大之子周纶的修订本，增加了九十六篇书简，即这是其他版本所没有而为东英寿教授发现的佚简。“天理本”收藏经过十分清楚，日本镰仓幕府建立金泽文库，自中国购入大量书籍，此时，想必南宋末年战乱等原因，此本在中国反而没有保存下来，也没有进入明代内府。金泽文库收藏后，经京都堀川的伊藤家，现藏于天理大学附属天理图书馆，1952年成为日本国宝，源流十分清楚。通过这一系列的版本考证，可以确定这九十六篇书简的真实性及其价值。

呜呼哀哉

佐藤保、宫尾正树编，《ああ哀しいかな——死と向き合う中国文学》，东京：汲古书院，2002年。

这个书名应该译成“呜呼哀哉——面临死亡的中国文学”，因为编者在前言中说它来自杜甫《祭故相国清河房公文》的结尾。其实不必指定，这样的感叹在碑诔文的结尾俯拾皆是，只不过在今天的哀悼之文中已经不常见，初见日本学者也有此主题的研究，颇有意外之感。全书不计前言后记共十七篇文章，虽不是通史式的写作，但将哀悼传统延伸到当代。最后一篇论文是石井惠美子的《茹志鹃与邓友梅：追忆的文工团》，研究邓友梅的《阿姐志鹃》，有评论说邓文是一篇连茹志鹃女儿王安忆也写不出的文章，很是可观。

矢岛美都子的《陆机的〈吊魏武帝文〉》是从汉魏以来“吊文”的系谱角度看陆机的吊文。陆机游秘阁得读魏武帝《遗令》，发现《遗令》竟以身边琐事为意，颇有英雄气短之概，失望之余，作《吊魏武帝文》。矢岛美都子论文例以《文心雕龙》所论汉魏以来诸作，认为陆机此文相较于正统的吊文是一个异例，几乎要称其为破体之作了。当然，章太炎《菿汉雅言劄记》中已经指出了陆机《吊魏武帝文》：“此虽吊文，抑何似谤书也。”矢岛美都子似乎没有看到章太炎的论述，但仍从文体的角度响应了章太炎的观点。论文指出吊文其实暗含着陆机本人的身世之感，还展示了英雄之死与魏晋复杂的人文环境。

黑田真美子的《魏晋的悲怆》以《世说新语·伤逝》为中心，考论魏晋士大夫的生死观。魏晋既有士人任诞放纵反礼教，也有士人强调“名教中有乐地”，这两种相对的观念也表现在《世说新语·伤逝》的“哀悼”之中。而这里哀悼所表现出来的生死观弥漫着对死亡的恐惧。

尾形幸子的《悼不遇的诗人》是从中国历代诗歌选集、类书等“哀悼”的分类开始说起，如《文选》《艺文类聚》《文苑英华》《唐诗类苑》等，都有“哀悼”这一分类，足见哀悼在中国文学中所占的位置。论文特别分析了方回《瀛奎律髓》“伤悼类”中的贾岛。贾岛有两首“哭诗”，哀悼不遇的诗人孟郊，“伤悼类”也收录了两首哀悼同样“不遇的诗人”贾岛的唐诗。方回同时收录伤悼孟郊和贾岛的诗作，正是置两人于“不遇的诗人群像”之中，死本堪伤，何况其一生不遇？方回这一做法，是因为孟、贾两人在文学史上早已经形成了“寒瘦”的形象，方回不过是延续这一传统而已。读这些伤悼之作，伤悼的传统及其意义脉络早已占据读者心中，而如何恰当还原其个性化的场景，则是读者所要面对的问题。

大西阳子的《死亡的日常风景的具象化》论述了北宋诗人梅尧臣。大西阳子笔下的梅尧臣几乎是书写哀悼的专业诗人，妻子、次子、父母、朋友乃至身边小动物，死亡成了梅尧臣周围的日常事件，他体验过亲友死亡的悲哀，对死亡有着敏锐的感受。本不应是“日常”的死亡，诗人不断书写，以致成为一种“日常”的风景，而梅诗就是这一风景的具象化。

全书虽然成于众手，但都注意发掘中国文学中哀悼的传统，或侧重于吊文的文体脉络，或侧重于文人哀悼的思想脉络，或侧重于诗歌分类的思想脉络，甚至还有一篇论述中国文学哀悼传统在日本的例子——直井文子《书写墓志铭的山阳先生和拙堂先生》，通过对这一传统的重新检视，我们也许有机会再认识古人的生死观和情感世界。

唐诗推敲

静永健著，《唐詩推敲：唐詩研究のための四つの視点》，东京：研文出版，2012年。

静永健的《唐诗推敲》里有很多奇思妙想，值得深入讨论。全书分四个部分：音声、典故、校勘、域外，这就是副标题中所谓的“研究唐诗的四个视点”。四个视点中，我认为日本学者最难的应该是“音声”，即唐诗的格律，这需要很深厚的汉语功力，比如平仄的分辨，这对中国人来说，也往往需要借助方言才能奏效，因为古代的入声字在现代汉语中不容易辨别，所以仄声字往往容易出错，对于一个外国人而言，这应该更有难度。

但是，读完全书，我最喜欢作者讨论“音声”的部分。

关于格律，作者以自己的经历破题，说求学时经常记不住《代悲白头翁》妙句，不知道是“岁岁年年花相似，年年岁岁人不同”还是“年年岁岁花相似，岁岁年年人不同”，后来学了格律，就知道前者为非。而且他还在文中介绍了一种方法，通过日语汉字的读音来分辨入声字：若日本汉字旧读的最后一个发音为“フ、ク、キ、ッ、チ”中的一个假名时，一般都是入声字，算是开了方便的法门。这样日本人也能如中国人那样分辨平仄了。

也是在“音声”部分的《贾岛“推敲”考》一文中，作者根据格律的要求，提出了一个很有意思的观点。贾岛“推敲”的典故是众所周知的，而且也知道这个典故来源并不可靠，作者考证了这个典故的“创作”过程，然后指出这个典故应该还是有一定的依据。他随后提出的问题更值得关注：为什么贾岛会难以选择“推”或“敲”呢？因为这两个字都合乎格律，放在句中都没有问题。作者经过统计后指出，在贾岛时代，“推门”或“敲门”都不是常见诗语，而贾岛之前，最常用的诗语应该是“叩门”，而“叩”为仄声字，放在句中不合格律，所以贾岛要新铸诗语，自然犯难了。而最后选择“敲”字，作者认为是因为“敲”字与“叩”字中古音读法更接近，而且日语中“敲”字也比“推”字更接近“叩”字的读音。这样的解释，也许给“推敲”这个典故带来更多值得推敲的内容吧。

静永健这本虽然是新书，但部分文章已经在中国大陆发表，比如《“卫公宅静闭东院”考》一文已经发表在《白居易写讽谕诗的前前后后》一书中了，作者认为白居易《新乐府·牡丹芳》一诗中“卫公宅静闭东院，西明寺深开北廊”的“卫公”不是旧注所说的卫国公李靖，也不是李德裕，而是用典，是指汉代名将卫青，而与这一古典相对的今典，则是指其功堪比卫青的唐人郭子仪。这一点，傅绍磊《白居易〈牡丹芳〉中的“卫公”指谁》（《江海学刊》2009年第1期）已深入讨论，傅文在大方向上认可静永健的用典说，但是与古典相对的今典，傅文认为是杜鸿渐。

也许作者是白居易研究专家，所以该书虽题名为唐诗，但讨论内容往往以白居易为例，如第三部分“校勘”、第四部分“域外”几乎都是讨论白居易，并没有形成唐诗研究的新方法，所谓四个视点倒不如文章中一些奇思妙想更值得讨论。

白居易文学论研究

秋谷幸治著，《白居易文学論研究：伝統の継承と革新》，东京：汲古书院，2012年。

该书由作者的博士论文修订而成，从白居易的诗序、书信等材料中发掘其文学理论。第二章论述了白居易的“美刺”说及其渊源；第三章结合元和年间的社会风尚及白居易青年时期的经历，论述了白居易对律赋的批评；第四章论述江州司马时期白居易的文学见解，为这一时期其讽喻诗和杂律诗数量变化提供了理论的背景。

白居易研究可以说是日本汉学中的一门显学。想要在众多高质量的研究中出类拔萃，应该对先行研究做深入的考察，才能发现前人未及的论题。本书的开头正是白居易研究综述。对日本白居易文学理论研究，作者考察了铃木虎雄、兴膳宏和静永健三位学者的研究。

二战以来，日本对白居易的研究主要是以讽喻诗、闲适诗以及《长恨歌》为中心展开的作品研究，所以下定雅弘《日本的白居易研究》这一综述性的研究文章中就没有展开“白居易文学理论”这一项，而关于白居易文学理论的研究，主要有铃木虎雄《白乐天的诗说》、兴膳宏《白居易的文学观——以〈与元九书〉为中心》、静永健《诗集四分类的构想》《白居易〈新乐府〉的创作态度》等。

铃木虎雄《白乐天的诗说》（见氏著《白乐天诗解》前言）考察了白居易《与元九书》，认为白居易重视讽喻诗且认为闲适诗、感伤诗和杂律诗一样，可以删去不存，但在其《编集拙诗成一十五卷因题卷末戏赠元九李二十》中又对《长恨歌》和《琵琶行》这样的感伤诗自矜自得。铃木虎雄揭出的这一矛盾在兴膳宏的文章中得到了更进一步的解释，兴膳宏认为《与元九书》中否定《长恨歌》并非白居易的本意。而静永健的两篇文章（收录于氏著《白居易讽喻诗研究》一书）也指出白居易在《与元九书》和《新乐府序》中表达的思想并没有实际的作品，所以认为这里的文学思想也许并不是白居易的本意。

作者考察了上述三位白居易研究的重要学者，指出这些白居易文学理论的研究中存在两个问题：第一，白居易关于文学言说的矛盾；第二，白居易文学理论与创作的矛盾。而这些矛盾其实是对白居易文学理论的理解不够全面造成的，所以全书从白居易文学理论的研究展开。

作者对静永健的批评，在静永健对此书的书评《文学理论家：白居易研究的第一步》（《东方》第387号，2013年5月）一文中得到了首肯，静永健还作了进一步的考察，并给予了高度的赞扬。

白居易的恋情文学论

诸田龙美著，《白居易恋情文学論：长恨歌と中唐の美意識》，勉诚出版，2011年。

白居易研究真可谓是日本汉学中的一门显学，近年除了前面提到秋谷幸治《白居易文学论研究：传统的继承与革新》，还有下定雅弘《陶渊明与白乐天：不断咏唱生存的快乐诗人》（角川学艺出版，2012）、诸田龙美《白居易恋情文学论：长恨歌与中唐的审美意识》等。诸田龙美所摄取的关键词“恋情”，在日本白居易研究中是颇为独特的。

诸田龙美这部书中所谓的“恋情”是指“恋慕异性的感情”，侧重指“感情”。作者认为中国文学直到白居易时代，对“恋情”的率真表现和描写恋爱行为都是持否定的态度，到了中唐才从“人情的自然”这一立场出发，对这一“偏颇”的传统作了根本的变革。诸田龙美此书的第一个写作目的是论述白居易文学中所具有的“普遍的魅力”；其次是以《长恨歌》的流行为切入点，讨论中唐的价值观和审美意识，挖掘读者产生共鸣的原因；最后讨论中唐的恋情文学对后世的影响。

作者认为从恋情的角度观察，白居易可以说是一个“多情的官能的诗人”：醇酒、妇人、音乐、美食无所不好，确信“身体”与“感情”一体，而“情”是诗歌的源泉。因此作者认定白居易文学的本质就是对“情”的根源性的深刻认识，而这一文学本质贯穿其讽喻诗、闲适诗和感伤诗，如讽喻诗是表现“情的普遍性”，闲适诗是表现“情的身体性”，而感伤诗（恋爱诗）则表现“情的根源性”。全书试图通过“恋情”这一角度来重新考察白居易的诗作。

作者通过与杜甫的对比来突显白居易的“恋情”特色。杜甫《哀江头》中“人生有情泪沾臆，江水江花岂终极”是在永远的自然面前喟叹人生，而作者认为白居易《长恨歌》中所表现的是“天长地久有时尽，此恨绵绵无绝期”，相对于自然，感情才是永远的，正与杜甫是相反的认识。而中唐社会审美意识的成熟，发展出“好色的风流”的观念，艳情诗流行，尤物论自成系谱，显示了“恋情”观念的长足发展。不过，我认为以“恋情”考察白居易，这样的白居易似乎颇具日本文学的特色，或许这正是白居易在日本长盛不衰的原因之一吧。

（以上原载于《书屋》二〇一三年第十二期）

《汉语日历》

兴膳宏著，陈广宏、潘德宝译，《汉语日历》，上海：复旦大学出版社，2012年。

《汉语日历》作者兴膳宏教授已有多种著作译成中文，如《兴膳宏〈文心雕龙〉论文集》（彭恩华译，齐鲁书社，1984）、《六朝文学论稿》（彭恩华译，岳麓书社，1986）、《中国古典文化景致》（李寅生译，中华书局，2005）、《异域之眼：兴膳宏中国古典论集》（戴燕选译，复旦大学出版社，2006）等，所以中国学术界对这位六朝文学研究大家并不陌生。读者即便通过这些选译本，也很容易总结出兴膳宏教授的治学风格，我们如果读他《中国の文学理論　新版》（清文堂，2008）和《中国文学理論の展開》（清文堂，2008）两种代表作，就能更深刻地体会到他重视文献的特点。他曾译注出版了《隋书经籍志详考》（汲古书院，1995），显示了其学问的底色，而影印出版明代冯惟讷的《嘉靖本古诗纪》（汲古书院，2006），说明他对文献的重视是一以贯之的，至于翻译《文心雕龙》《诗品》《文镜秘府论》《金楼子》《朱子语类》等作品，正可想见其文本细读的扎实作风。这就是日本汉学的优良传统，所以我们很自然地将兴膳宏教授归入“京都学派”来理解。

可是这样的理解脉络往往让我们注意不到兴膳宏教授对学术史、研究史的特别关注。如其《中国研究近五十年・文学》（1998）一文梳理了战后日本的中国文学研究史，陈广宏教授讲课时曾提到，如果将此文与吉川幸次郎的《中国文学研究史》一文合观，可以视为日本明治以来的中国文学研究简史。至于《京都大学近百年的中国文学研究概况》（《人文中国学报》，2004）和几篇回忆其师吉川幸次郎的文章，则勾勒出京都学派的中国文学研究大要。《日本对〈文心雕龙〉的接受和研究》（1984）一文，说明他对专书研究更是有着学术史的关怀。翻译《法国近十年中国文学研究的发展》（1999）一文，可以说明其学术视野并不囿于东亚。治学风格并不等同于学术兴趣，既然我们注意到兴膳宏教授的京都学派渊源，也应该了解他对学术研究的共时关注，所以不该忽视他翻译过李泽厚的

《中国传统美学》，不应忽视他还写过一本《汉语日历》。

因为兴膳宏教授还出版过《平成汉字语往来》（日本经济新闻出版社，2007）、《佛教汉语五十话》（岩波书店，2011），所以读者也往往以为这本《汉语日历》不过是众多讨论汉字词的作品之一。一方面当然是因为日本使用汉字的悠久历史，现在大众媒体上还经常出现汉字的测试、汉字游戏，而著名的文字学家白川静还因《字训》一书获得“菊池宽奖”——这个奖一般都授予文学、艺术领域的作家，足见汉字在日本社会的重要性；另一方面也因为中文是现在日本的大学中重要的第二外语，学习者颇众，所以有关汉字的普及读物极多。从书店的印象看，这类书甚至比中国还要丰富，所以从这一角度来理解《汉语日历》也无可厚非。

但是，《汉语日历》应该归入“岁时记”的书写传统。岁时记书写其来有自，宋代王尧臣等编的《崇文总目》中已经专列“岁时”一类，郑樵《通志》改为“月令”类，至清代《四库全书总目》则改为“时令”类。虽然名称有异，但这类岁时记作品皆以年节时序为纲，或采风俗，或写人情，时有小品之笔，呈文章之妙，自成一体。此体的源头甚至可以追溯至《大戴礼记·夏小正》《礼记·月令》等，这些作品多侧重于记录物候，如《逸周书·时训解》言“立春之日东风解冻，又五日蛰虫始振，又五日鱼上冰。风不解冻，号令不行；蛰虫不振，阴奸阳；鱼不上冰，甲胄私藏。雨水之日獭祭鱼。又五日鸿雁来，又五日草木萌动”云云。其中“风不解冻，号令不行”之类的警示说明岁时书写也蕴含着政治理念、人伦道德，不只是记录秋收冬藏的自然规律。《四民月令》“正月”条对此表现得更为明显，“正月之旦，是谓‘正日’，躬率妻孥，絜祀祖祢”，然后说明此前三日当斋式，礼毕后又当“称觞举寿”，“谒贺君、师、故将、宗人、父兄、父友、友、亲、乡党耆老”，记录了岁时与人伦的配合，可以说岁时一经这套系统的书写，就不再只是自然的，而是社会的、人文的。

从文学的角度看，这样的岁时书写也是抒情的，其理论基础在《文心雕龙》已经道出：

> 春秋代序，阴阳惨舒，物色之动，心亦摇焉。盖阳气萌而玄驹步，阴律凝而丹鸟羞；微虫犹或入感，四时之动物深矣。若夫珪璋挺其惠心，英华秀其清气；物色相召，人谁获安？

岁时记书写就隐含着这一气感类应的世界观，岁时记一类作品都是以岁时展开，年节岁时的铺排感召着读者，岁时物候与人心款曲暗通，不必明言悲情愁绪，一句中秋月明，读者自可意会，它是一种知识系统，也是一种抒情模式。可以说岁时记正是中国式的抒情，如南朝梁宗懔《荆楚岁时记》中“正月七日为人日……登高赋诗”，“登高赋诗”就是一种诗性的活动，这一条自然就包含了人日的抒情。这里特别要指出的是，《荆楚岁时记》提到正月一日要进屠苏酒，而兴膳宏《汉语日历》的“一月一日”也提到这一习俗，正是意外的相合。

这一类岁时记中国极多，如《千金月令》《齐人月令》《保生月令》《金门岁节记》《四时宝镜》《秦中岁时记》《辇下岁时记》《四时纂要》《岁华纪丽》《岁时广记》《养生月览》《玉烛宝典》《金谷园记》等，清人不只辑前代之佚书，还动笔创作，这里就不一一列出了。需要说明的是，西历通行以来，这种岁时记书写传统似乎就断了，黄遵宪《新历》一诗早就观察到新历与旧历在岁时上的凿枘不合：

> 梧桐叶落闰难知，蓂荚枝抽不计期。
> 只记看花携酒去，明朝日曜得闲时。

“梧桐叶落”“蓂荚枝抽”原来都是计量岁时的物候表征，黄遵宪的感喟说明物候与新历已不相符，而岁时记的传统随着新历而消亡。我们便不容易再回到这种抒情的传统中去了，所以我们以为这些岁时记不过是民俗资料，或者认为它们不过是农书，对它们的理解开始有隔膜了，体会不到它们的抒情性了。

日本或者说东亚，都是共享着这一岁时的抒情传统。日本的俳句中就必须有一个表示季节的“季语”，岁时的抒情性更为明显，或者说抒情与岁时的缩结更为紧密，他们不但从中国输入各种岁时记作品，如清代的顾禄《清嘉录》便在日本得到大量的翻刻，日本人也创作了大量的岁时记，如《本朝月令》《年中行事秘抄》《年中行事抄》《师光年中行事》等。岁时记写作在中国随着西历通行而渐渐退出历史，但日本却是慢慢地转成新历的岁时，这可以归因于日本的气候四季分明，樱花过后，杜鹃随之，但看周遭的颜色，也能生发出逝者如斯之叹。也许日本人更能感受岁时变迁，所以岁时感人动物的抒情模式，并未随着新历而与之俱逝。明治初期人们便试图将旧物候与新历再次联结，如森春涛《新历谣》：

春入杏花红未酣，轻寒脉脉雨毵毵。
新来燕子应相讶，江上已过三月三。
四月方看寒食花，中秋正见下弦娥。
几回翻历检诗料，添得虽多减亦多。

此诗中三月三的燕子、四月寒食、下弦月的中秋，都是候物与新历的错位，诗人虽然感叹，但也承认新历的岁时仍有诗料，即日本的新历岁时保留了抒情性。

明治初改用太阳历后，日本人不断改编出版新的岁时记，将这种抒情传统也延续至今。《新编俳谐题鉴》《新题季寄俳谐手洋灯》《俳谐新闻志》《俳谐岁时记新刊草》《明治岁时记》《明治岁时记讲义》等，都是从江户时代的岁时记改编而来。明治三十年开始，岁时记实用性和文学性并重，明治末期，多种岁时记冠以辞典之名，这样书写的脉络延绵至今，现代日本的书店里仍有大量的直接题作岁时记的作品。而岁时记的内容变得更为复杂，甚至还出现了《疾病岁时记》，著名的出版社平凡社还制作了电子版的岁时记（くらしのこよみ），依时推送七十二候和二十四节气相关内容，我相信在电子时代，岁时记也有安身立命之处。

兴膳宏教授这部《汉语日历》，每天一个汉字词，间或征引汉诗文，尽显作者的博雅与严谨，似乎不再是一部抒情作品了。不过，我们回到书写的场景中去，该从“京都学派”的传统还是兴膳宏教授的学术兴趣，抑或是岁时记的书写传统来读它，应该是明确的。兴膳宏教授写作时并不刻意强调这一不绝如缕的抒情传统，他在《弁言》中说，这部书受到了法国和中国两种台历的启发，只在后记提到了受到桑原武夫《一日一言：人类的智慧》的影响，透露出日本的岁时记书写氛围。

说到“渊源”，突然记起李寅生先生（《中国古典文化景致》的译者）《我与兴膳先生》一文，文章发表在他的新浪博客上，内容是兴膳宏教授亲口告诉李先生的。据兴膳宏教授的家谱记载，兴膳宏教授的祖先是中国人，为明朝的一位王子，乃郕王一脉，李自成攻入北京时，兴膳宏教授的祖先、那位明朝王子只有两岁，由一位日本商人带到了日本，幕府的将军赐姓兴膳。“兴膳”这个姓，在日本极为少见。这些内容的真实性恐怕要进一步考证，写到这里，我不禁怀疑“渊源”是否真的有助于了解兴膳宏教授，或者有助于了解这本《汉语日历》，失落了岁时抒情传统的中国，是否依然能激发出与日本读者相同的感受?

（原载于《书屋》二〇一四年第二期）

《东亚近代文明史上的梁启超》

狭间直树主讲，高莹莹译，张勇评议，《东亚近代文明史上的梁启超》，上海：上海人民出版社，2016年。

本书是清华大学国学研究院“梁启超纪念讲座”第三期的讲义，这期讲座共有八讲，每一讲连同翻译在内约100分钟。主讲者是梁启超研究大家狭间直树，他主编的《梁启超·明治日本·西方：日本京都大学人文研究所共同研究报告》一书已成为梁启超研究的“必读书目”中的一种。此次再讲“梁启超”，既合清华大学国学研究院纪念四大导师的本旨，也能发挥狭间直树的专长。

第一讲《东亚近代文明史的时段划分——世界史的近代与东亚》，主要是将梁启超置于近代东亚的时空中进行考察，这是近来日本学者的重要思路。张勇在评议中对此提出质疑，研究梁启超，日本当然是重要的一个视角，但是否需要“东亚”，的确值得思考。我认为主要是东亚语言的共通性，才使得“东亚”有可能作为一个整体来考察。狭间直树援引宫岛达夫的研究，指出法语和英语从十三世纪开始到十六世纪已经基本完成了向近代语言的转变，到十九世纪初完成度已经近100%，而十九世纪初，汉语才有930个近代词语，日语也只有约850个近代词语。其次，我认为还应该考察中日译书事业，才能彰显东亚作为整体的意义。从谭汝谦等编的《日本译中国书综合目录》《中国译日本书综合目录》两书可以看出，1660年至1978年间，中译日文书5765种，日译中文书3335种，而1896年至1911年间，中译日文书958种，日译中文书16种。可以看出当时的“东亚”提供了梁启超思想突变的可能性（作为文化的“东亚”），而不只是提供一个政治活动的舞台（作为区域的“东亚”）。狭间直树第二讲《身为康有为的弟子——以接受西方为目的的“康学”与“西学”》、第三讲《梁启超思想的独立——〈清议报〉时期》、第四讲《梁启超的“辉煌期”——〈新民说〉等》等，都说明了东亚的作用。

有意思的是，张勇在第一讲的评议中提到了康有为《日本书目志》的问题。我认为他的考察不够细致。关于《日本书目志》的撰写，康有为曾有以下交代：

昔在圣明御极之时，琉球被灭之际，臣有乡人，商于日本，携示书目，臣托购求，且读且骇，知其政变之勇猛，而成效已著也。（《进呈〈日本明治变政考〉序》）

乙未和议成，大搜日本群书，臣女同薇，粗通东文，译而集成，阅今三年，乃得见日本变法曲折次第。（《进呈〈日本明治变政考〉序》）

自丙戌年编《日本变政记》，披罗事迹，至今十年。至是年，所得日本书甚多，乃令长女同薇译之，稿乃具。又撰《日本书目志》。（《我史》光绪二十二年丙申条）

购求日本书至多，为撰提要，欲吾人共通之。因《汉志》之例，撮其精要，剪其无用，先著简明之目，以待忧国者求焉。（《日本书目志自序》）

据此，一些学者认为《日本书目志》是康有为据自己购藏书目编成的。日本关西大学沈国威《康有为及其〈日本书目志〉》开始怀疑这种说法，认为当时中日书籍流通渠道和销售机会均未建立，康有为购藏数百册日籍已是上限，并推定《日本书目志》直接取材于日本书肆的图书目录。王宝平《康有为〈日本书目志〉出典考》在此基础上指出康有为正是依据《东京书籍出版营业者组合员书籍总目录》（1893）编成《日本书目志》。2012年，我在沈国威老师研究室挂单时也找到了这个材料，正欲撰文披露，才发现王宝平先生的文章已经发表于《汲古》2010年第57号上了。狭间直树《东亚近代文明史上的梁启超》在第一章注释中已经提到沈国威、茅海建、王宝平的研究成果。

但张勇却在评议中提出了异议。评议首先指出康有为接触日籍的时间上限“圣明御极之时，琉球被灭之际”，是指光绪在位时的1887年；其次认为康有为接触日籍的途径即是他的乡人陈焕鸣，而且《日本书目志》所依据者，或即康有为乡人陈焕鸣所提供，并在脚注中称自己这一观点为“《日本书目志》所据为1887年所得书目说”，认为《东京书籍出版营业者组合员书籍总目录》（1893）与《日本书目志》相较，“终有所收书籍数量和编排、分类的不同”，所以“在没有更多的直接证据之前，将《日本书目志》所依据的‘书目’暂认为即最初得自陈焕鸣的日本书肆书目（不早于1887年）”。

很明显这一说法值得仔细分析，《日本书目志》中所录书大量出版于1887年之后，如“文学”类第一则《日本文学史》初版于1890年，“理学”类中《小学理科新书》甲种教师用书初版于1893年。所以，《日本书目志》不可能取材于1887年的书目。更主要的是将《日本书目志》与《东京书籍出版营业者组合员书籍总目录》一对比就可以看出，《日本书目志》完全不是“撰”，而是“抄”，只是将有日语假名之类的部分书籍删去，所以数量上《日本书目志》会比《东京书籍出版营业者组合员书籍总目录》少2000余种。

至于评议提到两个目录“分类”不同，更是值得探讨的问题。比如“文学”一类，从《日本书目志》的分类情况看，康有为意识到这一“文学”与中国传统的“文学”一词不同，但并不真正理解《东京书籍出版营业者组合员书籍总目录》中的“文学”是Literature的译词，是一个新的学术门类，是源自西方的学科体系。我们从康有为将“文学”与“小说”并列就可以看出这一点。

我认为关于《日本书目志》抄自《东京书籍出版营业者组合员书籍总目录》之事殆无可疑，王宝平的文章已是详尽论述了。

《中国近代历史的表与里》

石川祯浩著，袁广泉译，《中国近代历史的表与里》，北京：北京大学出版社，2015年。

此书共四辑，第一辑《何谓中国》侧重于“中国”意识或者说中国的民族主义兴起的研究，讨论“睡狮”形象、“黄帝”信仰等。第二辑《东瀛之风》探索梁启超和李大钊的思想的日本渊源。第三辑《国民革命》和第四辑《史实考据》主要侧重于中国共产党早期历史研究。书中《梁启超与明治时期日本的地理学研究》是我长期关注的主题。

梁启超《地理与文明之关系》（《新民丛报》创刊号，1902年2月）、《亚洲地理大势论》（《新民丛报》第4号，1902年3月）、《中国地理大势论》（《新民丛报》第6—9

号，1902年4—6月）、《欧洲地理大势论》（《新民丛报》第10号，1902年6月）四篇文章是中国近代人文地理学诞生的宣言书，但皆有所本，其中《地理与文明之关系》依据浮田和民《史学通论》之第五章《历史与地理》改写，而浮田氏则抄译自黑格尔的地理论（《历史哲学》绪论第二篇《历史的地理基础》）和巴克尔《英国文明史》的《总论》中有关文明发生与地理环境、气候之关系部分而成。而梁启超另三篇地理大势论，则节译或改写自志贺重昂《地理学》之《亚细亚地理考究之方针》和《欧罗巴地理考究之方针》等文。这是之前已有学者指出过的。

石川祯浩进一步指出志贺和浮田两人的地理决定论思想及其在明治日本的情况。尤其意外的是，文章指出梁启超用地理决定论来考察中国历史时，还参考了藤田丰八等人应用地理决定论研究中国思想史的成果。同时，作者提醒我们章太炎也受这一思潮的影响，或者可以进一步说，地理环境决定论在十九世纪影响至大，几乎成了讨论文明、文学的基本预设。当然，这种地理决定论，似乎还与民族国家意识相缩结，用地理这种看似实证的方式来论证一国一地的特性，似乎快捷明了，所以深受苦闷的中国人欢迎。

鲁迅 救亡之梦的去向

北冈正子著，李冬木译，《鲁迅 救亡之梦的去向：从恶魔派诗人论到〈狂人日记〉》，北京：生活·读书·新知三联书店，2015年。

日本学者的二周（周树人、周作人）研究成果很值得中国学界重视，北冈正子此书在中日两国的鲁迅研究界都是非常独特的。北冈正子是关西大学的教授，我在关大留学时她已经退休，而且当时我也无意于鲁迅研究，所以既未读她的书也未见其人。其实，关大也是鲁迅研究的重镇，增田涉就是鲁迅研究大家，曾翻译了很多鲁迅的著作。跟关大的鲁迅研究失之交臂，实在是一件可惜的事。此书译者李冬木也是二周研究专家，前几年发表论文说鲁迅的“国民性”思考实则源自明治日本的思潮，颇具启发性。学术著作由该领域的专家来翻译，真是明智的选择。

北冈正子此书的独特之处即在实证研究、擅长文献调查。传记式研究似乎将鲁迅生平爬梳得朗若列眉，不过，鲁迅的留日时期却是国内学界不太关注的环节，或许说“不太关注”也不确切，因为留日时期的研究需要一定的条件，而日本学者在这些环节具有优势。关于鲁迅在仙台的行迹，平凡社曾出版《仙台における鲁迅の記録》一书，可谓事无巨细，甚至连成绩单都翻出来了，鲁迅一年级的总成绩在142名学生中排第68名，其中藤野先生的那门解剖学，周树人得60分，学年总分只得一个“丁”，读者不要以为这个分数低，因为解剖学有三分之一的学生不及格，可以说得这个分数已经不错了，因此学生间有藤野先生漏题的流言。不知这部重要的鲁迅记录有没有译成中文，以便国内学者进一步考察。北冈正子的课题侧重于鲁迅离开仙台到东京留学的行迹。

此书第一章《有助于“文艺运动”的德语——在独逸语专修学校的学习》专门考察鲁迅在东京留学的学校，“独逸”日语中指德国，鲁迅转向文艺运动之后，还是要有一个留学生的身份，因此找了这样一所学校，也许因为在仙台时，他两个学期的德语成绩都是60分，学年总评还是“丙”级，对德国尚有一定的基础和兴趣。而这所德语学校的师资雄厚，鲁迅在此期间读了不少德国的名著，比如尼采对鲁迅的影响也许从此时开始。第二、三章主要考察《摩罗诗力说》的材源，其实北冈正子另有专著讨论《摩罗诗力说》的材源，希望能早日译成中文。

正因为全靠材料说话，北冈正子的鲁迅研究才形成独具一格的风景。

《鲁迅 增田涉 师弟答问集》

伊藤漱平、中岛利郎编，《鲁迅 增田涉 师弟答问集》，东京：汲古书院，1986年。

此书国内有译本，不过没有影印出版，已失原貌，以现在的条件似可重新出版。增田涉和竹内好都是著名的鲁迅研究大家，1977年3月10日，增田涉在东京出席竹内好的葬礼，他在致悼词的时候悲痛不已，竟而昏倒而离开人间，留下感人的友情佳话。增田涉曾是关西大学的教授，现在关大增田文库还有不少鲁迅著作的初版本，国内的大图书馆也未必有收藏这么全的鲁迅初版。增田涉翻译鲁迅《中国小说史略》《阿Q正传》《小品文的危机》等文遇到疑难时，便向鲁迅本人求教，鲁迅也及时详细地回答，这些答问的内容影印加以释读，便是这部

《鲁迅　增田涉　师弟答问集》的内容。

《阿Q正传》中“‘过了二十年又是一个……’阿Q在百忙中，‘无师自通’的说出半句从来不说的话”，增田涉的翻译应该不必补全阿Q没有说完的话，但他还是问鲁迅这后半句的“一个”是什么。鲁迅在这一页的天头批道：“一个青年。中国社会毕竟还是信仰佛教的轮回之说，被杀之后过二十年又成为一个青年。（但是我不能保证）。”看到括号里的说明，鲁迅的幽默形象跃然纸上。

当然，更多的是字词、句意的询问与解答。这些答问如果纳入鲁迅的文章中，也就成了鲁迅的自注了。鲁迅都是用日语回答，如果再回译成中文，应该也有助于中国人对鲁迅文章的理解。不知新版《鲁迅全集》有没有采用鲁迅自己的注释。

其实答问的内容，有些已经作为书信收到《鲁迅全集》中去了，只是掐头去尾，没有了语境，不知增田涉问的内容，只出现鲁迅的回答，读来令人摸不着头脑。比如《鲁迅全集》第14卷《书信》（19341214致增田涉）后半部分就是这种情况：“增田学兄几下：‘何所闻而来？何所见而去？’‘闻所闻而来，见所见而去！’实际上是‘听到传闻而来，看到实际而去’的意思。其中毫无实际和传闻符合与否之意，是个不得要领的回答。”比如在《魏晋风度及文章与药及酒之关系》中，“嵇康就问他：‘何所闻而来，何所见而去？’钟会答道：

‘闻所闻而来，见所见而去。’”一段，增田涉对此似有误解，将“闻所闻而来，见所见而去”译成“听到了别人的传说而来，看了实际情况而去”，并将“实际”等同于“实在”、等同于“果然”，还问这句是不是指“实际情况果然与传闻一样”的意思，鲁迅将嵇康和钟会的这两句问答译成日语，并指出钟会的回答仅仅是“听人传说而来，见到实际而归”之意，而没有传言与实际相符与否之意，这是一个不得要领的回答。如果没有增田涉的提问，鲁迅的回答就没有针对性，收入全集的意义也不存在了。而且从《鲁迅　增田涉　师弟答问集》的影印上看，“增田学兄几下”几个字是没有的，只是光秃秃的批注，《鲁迅全集》加上这几个字不知有什么依据。

关于日本书的书

日本人似乎天生有一股收藏书的热情，且不必提寺庙、图书馆里所藏的中国已逸之古籍，不久前，就连国内遍寻不着的胡适《中国哲学史大纲》（中卷）讲义本，有人也在日本的书店里找到。因此，相对于西亚的“丝绸之路”，有人提出东亚有一条“书籍之路”，深得日本学界的认可。

近代以来，国人至日本访书夥矣，自首批赴日的外交官员至清末赴日考察的人员，他们的日本游记中往往留下在日本购书的记录，所购之书不乏秘本珍藏。其中最著名的当数杨守敬《日本访书志》，杨守敬在日本时，极意搜集唐宋逸籍、宋元旧椠，每得一书，辄为题识，即为著名的《日本访书志》。

近几年的日本访书志，我最喜欢虞云国《书砦梁山泊》（上海书店出版社，2012）和苏枕书《京都古书店风景》（中华书局，2015），两书的封面都采用了京都的旧书店竹苞楼的照片。竹苞楼位于京都本能寺对面，创业于江户初期，已经传了七代，的确是京都旧书店的代表。

苏枕书在京都大学留学，写博士论文之余，时常去旧书店逛一圈，要知道京都大学附近的百万遍就是旧书一条街，哪个爱书人不喜欢？苏枕书在京都长期生活，对京都的旧书业了如指掌，据其书中《京都古书店之今昔》一文梳理，我们知道京都是日本图书业的滥觞之地，平安时代（794—1192）中后期，已有木版印刷的佛经流行于寺庙、贵族间。至镰仓时代（1192—1333），儒学书籍日益多见，以镰仓五山、京都五山为中心，大量复刻、仿刻宋元版，世称“五山版”。到南北朝时代（1336—1392），天龙寺、临川寺的出版业迎来了高潮，甚至有不少来自中国的刻工。直至江户时代（1603—1867）初期，京都大部分时间都是日本出版业的中心。明治迁都之后，京都的出版业才真正衰颓。

京都的书店最早只售卖由大阪堺港传入的汉籍，而后寺院或个人开始经营私刻书籍。庆长年间（1596—1615），京都出现了日本最早的出版从业者本屋新七，他在庆长十四年（1609）刊行古活字版《魁本大字诸儒笺解古文真宝后集》，是日本最早标注书店名的出版物。至元禄年间（1688—1703），京都的书店进入全盛时期。明治维新后曾一度衰落，至京都大学、同志社、立命馆等相继建校，大学周围的旧书店也慢慢兴起，旧书店业迎来转机。

现在京都的古旧书店，以时间分，大略有三类：一是从江户时代继承家业的传统古本店，如藤井文政堂、佐佐木竹苞书楼等；二是明治、昭和时期创立的书店，如汇文堂、临川书店、菊雄书店、富山房等；三是新创立的书店，如朋友书店、紫阳书院等。以主营图书分，大略有四类：一是综合性书店，如书砦梁山泊、菊雄书店、富山房等；二是与中国相关的，如朋友书店、汇文堂、紫阳书院等；三是专营版画者，如大书堂、赤尾照文堂、绘草子等；四是佛书类，如其中堂、藤井文政堂、三密堂等。

苏枕书《京都古书店风景》除了《京都古书店之今昔》一文鸟瞰京都旧书店外，还对二十多家旧书店作了细描，写自己的购书经历，写书店的发展历史，写老板的逸事，写书店与学者文人的交集，读来真切可爱，所述旧事往往引人发思古之幽情。读了这本书，立马让人想起池谷伊佐夫著、桑田草译的《神保町书蟲：爱书狂的东京古书街朝圣之旅》（生活·读书·新知三联书店，2008）同样也介绍了一家家旧书店。神保町是读书人的圣地，书中还附了《如何在神保町开旧书店》一章，开一家书店是很多读书人的梦想，但要把梦想变成现实还是很有难度的。这一章正好可以让人过过开书店的瘾，文中举例说开一家接近10平方米的旧书店，店面月租15万日元，保证金10个月，共150万日元，初期支出合计近200万日元，加上办公设备20万日元以及进货，最低得花500万日元。除了钱以外，还得有多种经营手段，不但得开展网上贩卖，还应加入古旧书公会……读完苏枕书的《京都古书店风景》，也有冲动想照单开家旧书店，不过，我读完上面这些数字之后，也就冲动一下罢了。

虞云国《书砦梁山泊》则与此不同。虞云国为上海师范大学教授，赴日本接收赠书，顺便在京都、东京的旧书店购书，归国后，将追记访书见闻与随感连载在《南方都市报》上，后来结集成此书。作者不是长期生活在京都，书中少了书店、老板的温情，倒是凸显出学者的学术眼光。作者是历史学者，所选又多关乎专业之书，又着意日本汉学家之作。一经入手，便知书籍的学术分量，细细道出书籍作者的研究业绩，偶尔提提这些作者的逸事，读来极有兴味。

我也常读一些关于书的书，如题跋、题记、书评一类。很多人都爱看黄裳、韦力的作品，他们聚书之多之精，令人叹为观止，但所作书评题记，多着重在书籍出版史而少了一份学术史的关怀，不免有一种书商贩书记录之感，满纸珍本秘本佳本，不免看出钱多钱少来。最爱的还是黄永年、辛德勇一路，既从书籍出版史的角度，也从学术史的角度看珍本佳本。这当然是一个偏见，虞云国这部《书砦梁山泊》写的是日本书，同样也带着日本汉学史的关怀，不经意间流露出的学术史识，也极引人入胜。

扶桑记游

岚山红叶

旅游何为？虽说可以长知识、广见闻、悦耳目，可毕竟是一件累人的事。我妻子就说：看什么风景？找家好旅馆休息才是正事！提包扛袋，挈妇将雏，挤公交、赶火车、等飞机，饮食不调，起居无常，就是为了离开自己待腻了的地方到别人待腻的地方去。看惯了魔都那水泥丛林中的风花雪月，偶尔就会“文艺”地冲动，到西藏去数星星，而数惯了羊毛的牧民也许就想着去上海南京路看闪烁的霓虹灯。旅游的意义正是“离开”，通过跨越空间的方式来追求心灵的自由，至少可以暂时摆脱此时此地。也许“游”可以训诂为自由吧，古人所谓的游戏人间，难道不是自由的代称吗？而少年游侠、中年游宦、老年游仙正是古人的最佳人生模式。

到了日本，发现旅游还有另一种向度的意义。日本国土不如中国广袤，一到春天，樱花从南开到北，媒体会每天详细报道，甚至把开花的地方连成线，画出如地图上等高线一般的“樱前线”，告诉国民今天春已到此。很多游人追着樱前线，一路可以带着饭团赏樱花，以身经目击的方式体验和“再确认”日历上机械时序的变化。这样的春天才是“我经过的春天”，“新闻联播”里的春天当然不是我的春天，那是他们的春天。

最近电车上常见京都岚山红叶的广告：一片深红的秋意之中立着和服女子，脖颈俏丽，深情凝视，让人不忍不去。各种媒体也实时提供岚山红叶的颜色变化。似乎听从了广告的召唤，想去京都确认一下秋色。自大阪到京都才一小时左右，算不上什么空间的疏离，出了岚山车站，跨过“中之岛”桥，唏嘘地瞻仰了“日中不再战”碑，再过渡月桥就进入景区：叶色正浓。

看了诸般景致，觉得那些看风景的人才是真正的风景，大老远来一趟就是为了看看那枫树的颜色？山上的景致怎么能跟广告相比？来一趟不过是确认下罢了，我知道现在已经自秋入冬了！红叶是时序的象征，日本人对时序非常敏感。他们的俳句里一定要有“季语”来表示季节，如松尾芭蕉的名句“古池や蛙飛びこむ水の音（寂寞古池边，青蛙跳入水，泼喇一声响）”中“蛙”这个季语表示春天。日本的图书馆、书店里也常摆着各种《岁时记》，详细列着各种节候的知识。时序、节气、花信是日本人生活的一部分。日本人的旅游在“空间逃离”的意义外，也许还有“时序再确认”的况味。

可是，对时序、物候的深切关怀，不是中国古人“诗意地栖居”的方式吗？《吕氏春秋》以时序排列章节。《孟春纪》曰：“东风解冻，蛰虫始振，鱼上冰，獭祭鱼，候雁北。”《孟秋纪》曰：“凉风至，白露降，寒蝉鸣，鹰乃祭鸟。”《季秋纪》曰：“菊有黄华……”而这些蛰虫鸣蝉红叶黄花所代表的时序，不只是一个冷漠的机械时间，更是李泽厚解释“逝者如斯夫”一节中所说的情感时间，甚至还与王德、教化、方位、颜色等联系在一起，我们常说的“左青龙、右白虎”中的青龙代表春天、东方，白虎代表秋天、西方，似乎这些红叶黄花是古人意义世界的一个象征。而通过红叶黄花对时序的再确认，可以说就是对人生意义世界的再确认。品尝春色，感怀秋意，正对当下的意义世界的再确认，德国哲学家海德格尔《时间与存在》说的也许就是这么一回事儿。

如此说来，从“空间逃离”上来理解旅游不过是现代人的观点，而“时序的再确认”倒是古人直面生活的表现了。“坐爱枫林晚”的“爱”里，是不是也有“我见青山多妩媚，料青山，见我应如是”的况味？而其中满山的红叶，不过是“再确认”罢了。

日本明治以后，罢旧历改新历，黄遵宪《日本杂事诗》原版中有一首诗记录新历云：

> 梧桐落叶闰难知，蓂荚枝抽不计期。
> 只记看花携酒去，明朝日曜得闲时。

《农政全书》："（梧桐每枝）生十二叶，一边六叶，从下数一叶为一月，有闰则十三叶，视叶小处，则知闰何月。"《竹书纪年》："有草荚阶而生，月朔始生一荚，月半而生十五荚，十六日以后日落一荚，及晦而尽，月小则一荚焦而不落，名曰'蓂荚'，一曰'历荚'。""闰难知、不计期"则是表明了新历的精准，到了现代则成了李泽厚所说的"机械时间"，而正是这新历割断了红叶黄花、桐叶蓂荚与其所象征的意义世界。仿佛是说日本人的生活中已经不再需要时序节候所象征的意义世界了。意外的是，现代日本人还保持着对时序物候的敏感。人们欣赏岚山红叶，不只是岚山，更主要是红叶。我称之为"时序再确认"的旅游人潮本身，远比岚山的天龙寺、清凉寺、常寂寺来得有趣。

壬辰小雪前四日

历史步道

手冢治虫（1928—1989）是日本的漫画之神，其作品如《铁臂阿童木》等在中国一样，也是家喻户晓，想必很多人会以为他是美术专业出身的，其实不然。他是医学专业的学生，曾在大阪帝国大学的医学部求学，这自然要归因于他的家学，其曾祖父手冢良仙（1826—1877）曾是一名西医，参与创立了神田玉池种痘所（东京大学医学部的前身）。顺便说一句，手冢治虫的祖父手冢太郎（1862—1932）参与创建了我现在所在的关西大学。

手冢良仙学医的同学中，就有后来名满天下的福泽谕吉（1835—1901）。福泽谕吉是西学东渐大潮中一流的学者，著有《劝学篇》《文明论概略》等，主张脱亚入欧，追求西方文明，影响了明治维新运动。他和手冢良仙一样，同时也是教育家，创设了日本著名的私立大学庆应义塾大学。医生治病，教师启蒙，他们从救治身体转向拯救灵魂，其转变一定是由于医生的某种理念，岂不见医生鲁迅也转向拯救灵魂了吗？一以教育一以文学之别而已。

这两人学医的地方正是“适塾”。适塾位于大阪市中央区北浜3丁目3番8号，是大阪的“重要文化遗产”。陶德民教授带他自己研究室的学生来参观，顺便把我也带上，若没有陶老师带，还真不容易找到。在林立的高楼群中，这日式二层建筑益显独特，自有风姿。适塾旧址的门口路面上，喷着标语——“历史的散步道”，一踏进门，便如通向幕末明治西医东来的时代了。

黄遵宪《日本杂事诗》写当时的西医“导脉竹筳窥脏镜，终输扁鹊见垣人”。“导脉竹筳”典出《汉书·王莽传》：“翟义党王孙庆捕得，莽使太医、尚方与巧屠共刳剥之，量度五藏，以竹筳导其脉，知所终始，云可以治病。”这可能是中国最早的活人解剖的记载了，但班固在王莽传中写出，主要是反映王莽的凶残。《史记·扁鹊列传》中说扁鹊喝了一种神奇的药水，能隔墙见人，由是医术大进，五脏六腑直视无碍。黄遵宪将以解剖为主要特征的西医比附为王莽的“导脉竹筳”，并认为这不如以扁鹊为象征的中医。明治十年左右黄遵宪尚且如此见解，可知幕府末年西医东来，万千其难。

适塾就是"万千其难"的西医学校，为兰学者、医学者绪方洪庵（1810—1863）于1838年所创办。绪方洪庵有幕末西洋学（日本称兰学，日本从荷兰人那里接受的知识）第一人之称，翻译了多部著作。如《扶氏经验遗训》一书影响了日本内科学的发展，绪方洪庵还从该书摘要"医戒大要"十二号，作为适塾的"校训"，至今也是完美的医者伦理。再如《病学通论》实为日本最初的病理学，为当时的名著。绪方洪庵本身医术高明，推广防痘接种居功至伟，晚年受邀入幕至江户。除医学贡献外，绪方洪庵还培养了一批近代著名人物：桥本左内、大村益次郎、福泽谕吉、长与专斋、大鸟圭介、高松凌云、佐野常民等。

福泽谕吉的画像就挂在适塾二楼的学生卧室。二楼地上铺着十几张席子，据说席子的位置是由学习成绩排名来决定的，成绩佳者先选好位置。福泽谕吉1855年入塾，两年后成为适塾的塾长，想必成绩相当优秀。不过，据说福泽谕吉害怕见到血，没有做过放血或者解剖手术，虽然适塾主要教授医学，福泽谕吉恐怕对荷兰语的兴趣更大，他在适塾中研读、抄写荷兰语原著，大概根据书中的理论做了一些化学实验吧。当时适塾中有一部罕见的《兰和辞典》，虽说幕末已经有西洋人到达日本，但这样一部荷兰语日语辞典也并不是谁都能得到的，这是适塾的镇塾之宝。当时十几个人围着这部辞典，轮流查阅一些原著中不解之处，想想也令人感动。

站在福泽谕吉画像前，得赶紧掏出一万元纸币合影。日本万元纸币上的头像就是福泽谕吉，有时候人们也将一万元直接叫作福泽谕吉或者谕吉，也因此，有人在数一万元纸币张数时，会以一人、二人为计数。看着镜头中的两个福泽谕吉，想象脚下踩着的说不定就是当年他睡过的位置，不由得感叹“历史的散步道”一语。

绪方洪庵去世后不久，适塾在其门生弟子的推动下，逐步发展成了大阪医学校、大阪医科大学，最后成了大阪大学医学部。适塾保护得非常好，厨房、卧室、书房等一仍旧贯，颇具古风。门口放着一款漂亮的印章，上刻绪方洪庵的头像及简单图案，供游客盖印留念用，我站在适塾的门口，把这方纪念印章盖在大阪大学的简介上，真有“历史即当下”的感觉，也许这就是“历史的散步道”吧。

二〇一二年十一月五日

逐鹿奈良

奈良是丝绸之路的东方终点站，也是日本历史的出发站。飞鸟京、藤原京、平城京等古代都城象征着日本文化的开端，它们都建置于今天的奈良。公元七八世纪的故事早已随风流去，奈良土地下层层积累的是深厚的历史，而奈良的风土永久地带上了旧时月色的幽微。这片土地上，不一小心就能挖出一段历史来，很像她的姊妹城市西安。奈良挖出平城宫遗址后，日本人就在旧址上复原了平城宫第一次大极殿，站在殿上远眺，大极殿与远方的朱雀门之间，近畿铁路奈良线的一列火车正快速通过，历史与当下瞬间融合在一起。

其实这种古今相融的感觉是相当可疑的，大极殿顶上闪闪的金光和门窗上的玻璃，提示着“历史”不过是观者的想象，满眼的“历史”都是“现代”。幸好，当年鉴真和上应日本圣武天皇盛情邀请，六次航海最终东渡成功，目盲志坚，讲授戒律，天皇尊其为“和上”，并将平城宫的东朝集殿迁移到唐招提寺，作为讲授佛经的讲堂。通过唐招提寺的讲堂，倒是能隐约想象出平城宫的魅影，总算能触摸到那么一点“真实”的历史。虽然唐招提寺的讲堂迭经修葺，触手所及，非复当日气息，但堂中展示的一段木料，实实在在让人触摸到历史。1995年阪神淡路大地震后调查发现这段木料，据年轮年代法测定是公元781年砍伐之物。而且，唐招提寺能营造历史感的并不只有讲堂，入门即见的金堂也很厚重，八世纪后半期天平时代的风格，里面供奉的神像都成了日本的国宝。金堂侧后、讲堂之前的鼓楼，据说藏有鉴真的三千舍利，珍贵得不得了，也“历史”得不得了。更珍贵的是鉴真和上干漆坐像，据说为其生前所制，1980年曾到鉴真和上的出生地扬州展出，引起中日两国的轰动，现在藏于唐招提寺的“影堂”，每年只有六月六日鉴真忌日前后才展出三天。

法国国王路易十四说“朕即国家”，套用这个句式，很多中国游客的心中也是“奈良就是唐招提寺”。鉴真墓园的肃穆，赵朴初等人的题词，都可以让人低回不已，可以追溯往昔，想象盛唐，想象着文明传播，召唤中国人的历史感。不过，这种历史感无疑会掩盖景观的多样性。因为，我们不太会注意井上靖《天平之甍》中的那个鉴真，不太会注意松尾芭蕉俳句中的那个鉴真……旧时月色固然可以“摅怀旧之蓄念，发思古之幽情”，可是发“怎样”的幽情，完全在于观看的游客：景观并不客观，“观览”才是一切，看似涵化于景观的“历史”，其实不是景观的根本内涵，只有当“观览”发生时，景观的内涵随着观览者本身所具有的学识才能激发出来。

所以，在平城宫上见到列车而有古今融合的感受；所以，在唐招提寺才有旧时月色的感受；所以，在东大寺因着隔膜而少了一份厚重。东大寺也是圣武天皇为太子祈福发愿而建，天平胜宝四年（752）举行盛大的开眼供养仪式，历史迭经修葺，现在的建筑是江户时代重建之物，为华严宗的大本山。大佛殿据说是当今世界最大的木结构建筑，内中供奉卢舍那大佛，像高14.98米，头部就有5.41米，台部高3.05米，宝相庄严。但对我这样一个既不懂佛教华严宗，又不懂日本历史的人来说，这一切不过造像而已，或者仅因为其佛像的高大，带来一种康德所谓的“崇高感”，经历了和唐招提寺一样的风雨，却不能唤起相同的历史感受。

反倒是东大寺门外的奈良公园更引人入胜。奈良公园于1880年开园，为日本最有代表性的旅游景点，而其中最为有名的当数一千多头野生的鹿了。鹿本谨慎，远观颇为优雅、温驯，甚难接近，但奈良的鹿早已人至不惊，不必逐鹿奈良，它自来亲近，甚至还追着游客要吃的。据奈良爱鹿协会的介绍，因为这些野鹿的食物不足，常常营养不佳，建议游客多喂点鹿能吃的东西。鹿的优雅常能让人联想起文人雅致，一片公园，实在让人欢喜。不过，在日本人看来，这并非一般的鹿，自古以来就是作为神鹿来爱护，一直在春日大社、奈良公园及周边群栖。这些鹿跑到公路上妨碍交通，入居民家里做客，奈良人都会好好对待或接待。自《万叶集》以来，鹿一直都成为诗歌吟咏的对象。鹿在日本游客那里，说不定也是带着一种传统文化的意味，它们并不只是某纲某科某属某种的动物，它们其实和古建筑一样，也带着历史的痕迹。只不过，逐鹿逗弄的那一刻，我并没有打开通向历史的门。

逐鹿奈良，方知旅游实难！

二〇一二年十一月二十六日

以热制热

逛京都，一定要先看京都市的地图。京都旅游图一般有两种标示法，一种在最核心区标上洛中，四周分别标出洛东、洛北、洛西、洛南。另一种则是常见的旅行图，中心部分自上而下，标为北区、上京区、中京区、下京区、南区，这几个区的东面为左京区，西为右京区。

京都这一“左东右西”的标示法与我们“左西右东”的地理常识刚好相反。我们阅读地图时规定上北下南左西右东，是想象把整个大地立在我们面前，而我们则是坐南朝北对着整个大地。京都市这样的标示，则表明命名者想象自己坐北朝南，俯视大地，所以才与我们今天的常识相悖。不过，这倒与中国古代的方位常识若合符契。中国古代的“左青龙、右白虎”中的青龙代表东方，白虎代表西方，也正是左东右西。可见京都市的建造者们就曾以中国的视线来打量、命名自己的城市。

不过，对着地图是无法领略京都的。我就错失了芥川龙之介笔下破败、萧条的“罗生门”。罗生门的真正名字应该是罗城门，据说旧址位于京都站附近，原来是九条通与朱雀大路的交叉处，九条通是东西向的大路，朱雀大路是南北向大道的中心，两相交错，就是平安京时期的总门，罗城门两侧为东寺与西寺，是国家祭祀的场所，这一区域自然承载着皇家的政治功能。不过，芥川龙之介描述的罗生门，乌鸦与百鬼齐飞，盗贼共狐狸一窝，皇家的国家想象衰败得不成样子了，京都的繁华已经转到清水寺、祇园，那是民众的狂欢地，繁华空间的转换是否隐喻着日本的现代转型？当然，错过也许不是件坏事，我想应该没有什么旅游点会以萧条为主题，大概会把旧址洗刷得干净漂亮，新得让人错愕。上次去大阪最有名的大阪城天守阁，外表一如想象的日本战国时期丰臣秀吉所建的名城风范，可是天守阁中却用电梯上下通行，现代得让人不知所措。

京都最让人惊叹的，当然要数金阁寺。虽然早已看过照片，但一进入景区，面对着水池边上的闪闪金光，很多人发出惊呼。池中的松树老干虬劲，但在金阁的光芒之下，略显低眉敛首之态，游人也立即震“静”了。我去的那天，正是“快雪时晴”，金阁犹能摄人心神，不知大晴天出太阳时，会是怎样一番模样，想想也令人神往。金阁寺在地图上看起来是在京都的西面，但严格算起来还是位于洛北，因为它的本名是北山鹿苑寺，为室町幕府第三代将军足利义满所建，初为北山殿，将军死后，改为鹿苑寺，因其中舍利殿金光闪闪，才有今天这样的俗称，经过三岛由纪夫小说《金阁寺》的描写，早已扬名世界了。这个足利义满，给中国明代皇帝写书时，署名为“日本国王”，非常跋扈，但留下一个言不尽象的美的世界，一个成为京都美的代表，实在难以想象。

成为美的代表，外型固然重要，恐怕内在的精神更重要。金阁寺附近的龙安寺，方方正正的庭院里简简单单的砂子，中间立石表象，名为枯山水，据说要以禅悟，方能尽其美。京都洛东的银阁寺，其实也是建筑在禅境之中，庭院静谧，曲径通幽，若无一种哲学的领会，不足其味。说到“哲学”，就会让人想起银阁寺附近的“哲学之道”，名为哲学之道，其实光有一段故事，却缺少哲学意味，是不能与那些庭院相比的，而且我去时，正值雪天，哲学之道也只有冬天的味道了。

京都的名胜当然很多，洛中的二条城、京都御所，乃至川端康成《古都》里的西阵织会馆，都是非常不错的地方。特别是京都御所一处杂草丛生、小楼坍塌的小院里，我还看到了一块碑，表明立碑处的小院是明治天皇出生地，二条城里的德川将军大政奉还，明治天皇迁居东京，开始了日本的现代历程，不料这位天皇的出生地，竟然已荒芜不堪。

除了这些名胜，京都的街道也很值得玩味。在京都站附近有油小路、盐小路、拉面小路，以家常饮食为路名，真印证了林文月《京都一年》里对京都饮食的描述——“吃倒在大阪，穿倒在京都”，即京都讲究衣着，大阪讲究饮食。京都的路名都是油、盐等家常之物，自然不比大阪。大阪随便一条小巷里进去，就吃到了河豚，记得同食者胆战心惊，我想大阪人这么会吃，应该可以完全放心。而京都的特色当然是满街擦身而过的和服，在祇园一带有个地方叫“花见小路”，我初以为是赏花之地，但周围并无树木，后来看到路两旁的店门上，赫然写着未成年不得入内，才惊悟此“花”非彼“花”。

京都的物产，往往加一个京字，京扇子、京豆腐、京人偶……最为出名的倒是小点心，至于吃饭，也许不熟悉，我实在没有找到特别好的，只有一家豆腐店让人印象深刻。门口的广告牌上写着四个大大的汉字“以热制热”，深得豆腐精髓，恐怕只有汉字才能道出这豆腐的好吧，稍稍遗憾的是，豆腐不是京都烹制法，而是韩国料理。

二〇一三年三月十六日

夜探神保町

神保町是全世界书虫的向往之地，到了东京，断没有不去“朝圣”的道理。千代田区神田神保町是东京繁华区之一，从地铁神保町站出来，无论哪个方向都有书店，一进入书店，往往可以免费获取《神保町旧书街地图》。地图醒目位置写着“世界第一”，小小的街区内共有158家书店，想必当得起这“世界第一”几个字，我没有去过同样闻名于世的意大利的旧书街，但中国是找不出来这样的地方的，上海的福州路根本没法比。

虽说名为“旧书店”，神保町其实还是有很多书店是卖新书的，像有名的三省堂、岩波书店、集英社、小学馆、有斐阁、东方书店等，当然，这些也都是日本有名的出版社。不知是不是电子书的兴起，还是网络书店发达，或者还是其他什么原因，总之日本出版人已经惊呼“出版大崩溃”了，而这些出版社书店的挺立就是一种象征，给书虫以信仰，让人坚信这“纸的风景”不会消失。相比之下，中国的出版社似乎没有这么大手笔，在这条街上，三省堂书店一家就快赶得上整个上海书城了，更不用说这么多家招牌在夜色中所发出的光芒——那真教人温暖。

在神保町的一大乐趣，就是看书店名。广文馆书店，名字看着是严肃高雅，稍一转就可以发现插架上皆是成人杂志。至于“卧游堂”“通志堂书店”，看着就像店主通晓古典文学。我去吃饭时，边上一家叫“荒魂书店”，还有一家叫“风月洞书店”，可惜一吃完饭，严守下班时间的书店已经关了门，未能进去一探究竟。后来在地图上看，风月洞书店是被分在艺术类，而荒魂书店则是在亚文化类里，“荒魂”二字不管有什么出典，反正这名字太“亚文化”了。

错过这两家，一点都没什么好后悔的。因为我进了内山书店。是的，正是你知道的那家内山书店。内山完造和鲁迅1933年在上海的合影就摆在书架上，那还用多说吗？鲁迅的题词挂在二楼角落里：

廿年居上海，每日见中华。
有病不求药，无聊才读书。

一阔脸就变，所砍头渐多。

忽而又下野。南无阿弥陀。

辛未初春书请邬其山仁兄教正

鲁迅

“邬其”是“内”的日语读音，“邬其山”就是“内山”，最后一句“南无阿弥陀”的“无”写得像是“旡”，不知有无深意。不过，似乎我所咨询的店员并不是很了解，只说内山书店原先并不在神保町。我在书店的主页上看到，他们是从1917年在上海时算起的。

内山书店就像是上海古籍书店，所贩者绝大多数为汉语书籍，除了少数是港台出版的，大部分都是来自大陆，而且新书上市速度很快。可以告慰温州图书馆诸位朋友的是，《温州历史文献集刊（第二辑）》也已经出现在他们的目录中了，想必国内很多书店都不一定有。店内最醒目的当然是鲁迅专架，现在大红大紫、又中文又日语的莫言作品集也夺不了鲁迅专架的光彩，专架上当然有鲁迅全集、选集，也有鲁迅作品的各种日语译本，还有中日学者研究鲁迅的著作。内山书店不只贩书，内山完造还自己写书呢，1945年出版了一册回忆录《花甲录》，为“东洋文库”的一种，似乎销量还不错。内山书店也做出版，丸山昇和丸尾常喜合编的小册子《鲁迅关系图书目录》是关于日本出版的鲁迅研究著作的总目录，正是内山书店出版，赶紧买一册。书店还附送我一份2012年12月出版的书目月刊《中国图书》，开卷是余华读《狂人日记》的感叹之词。

其实，日本很多书店、出版社都出版类似的月刊。我后来还在三省堂看到了一份历史研究书目《历史书通信》，准备去付钱时，店员告诉我这是非卖品，可以随便拿。我所在大学的书店里，这种月刊更厚，不只是书目，还有书评，放在书店门口免费取阅。这种广告方式在日本出版业界可谓历史悠久。我翻到过明治早期这种书目，完全可以想象晚清康有为是怎样编出《日本书目志》的。

内山书店的特色是专卖中国书，几步之遥的东方书店是专卖研究中国的书，或者前者侧重文学作品，后者侧重学术研究，要看日本学者对中国历史文化的研究，也许这家东方书店是最佳窗口。2013年2月份，在京都绕了一大圈才找到他们的分店，结果却告诉我，他们只在网上销售，京都分店根本不招待顾客，告诉店员我是从中国慕名而来，才让我勉强侧着身进去了，也没有找到什么合适的书，只得悻悻然离开。这次在神保町碰上了总店，一定要好好翻翻，因为一进门就是一排精装书，特别是架上松田稔的两部关于《山海经》的研究著作，重印印数只有一百多部，两部定价要一万日元左右，正犹豫时，店员把店门的帘子拉上了，告诉我“营业时间到七点，十分抱歉”。看来我和东方书店真是没有缘分了。

不过，在神保町收获还是很大的，在一家店里买到了两本精美的画册。一本是世田谷美术馆编的《日本的风土与美》，可以说是美术史所见之日本风土记。更令人爱不释手的是竹久梦二的画集，竹久梦二是所谓“大正浮世绘”高手，作品既东洋又西洋，还写诗作文卖插画做设计，据说对丰子恺的漫画有一定影响，赶紧买了。这家书店里全都是美术作品，我还看中了一册王羲之书法作品集，印得极为精美，在国内没有看到过这么漂亮的王羲之作品集，不过，实在太厚，只能放弃。事实上，这神保町的书店，很多都是极为专业的，只卖某一种类型的书，这对顾客来说实在太理想了，一买就能买一堆，就怕扛不动。只可惜书虫不是“蝜蝂”，异国他乡这么多重物，怎么背负得动？柳宗元笔下极能负物的“蝜蝂”也是累死的，读书也不能贪多啊。

二〇一三年三月二十九日

京都屠书

有传言说著名画家凡·高色弱，是以色觉正常的人领略其作品时，总是惊艳其色彩大胆而异于流俗，以为正是画家天才之所在，其实是色弱者所见的世界迥乎常人而已。也许只有色弱者，才能还原凡·高想表达的世界。读书也是，找“性相近”的书来细品，才能读出味道来。

当然，想要在京都春季旧书交易会上选出“性相近”的图书恐怕并不容易。倒不是没有好书，反而是书太多，四十多家书店倾其所有，聚于一处，书虫们看起来是幸福得如行山阴道上，应接不暇，实际上却是眼花缭乱，不好决断。还有就是书虫太多，老人小孩情侣主妇学生，都不知道该怎么给这些书虫分类了，反正人人一只大篮子，不停地从架上取书放入篮子，或者如痴如醉地阅读，旁若无人。如果此时有外星人闯入，肯定以为这是在屠书疗饥。台湾小说家高阳称清末有“三屠”：张之洞用财如水，人称“屠财”；袁世凯好行杀戮，时称“屠民”；岑春煊性好劾人，称为“屠官”。高阳极好酒，著小说一百多部，人称其为“屠纸酒仙”。今天这旧书交易会上，堪称“屠书”了吧。

和东京神保町旧书街完全不同，京都春季旧书交易会的确是另一种震撼。我之前没有见过这么大的旧书卖场，虽然也知道日本的旧书市场比较发达，但也只是想象过冷冷清清的场面，三三两两的顾客，爱理不理摇着团扇的老板，在“日本の古本屋”看到日本大量旧书交易的信息时，完全不曾想过这般火爆。

也许京都春季旧书交易会比较特别吧，这个交易会由京都古书研究会主办。成立于1977年的研究会，可不是中国的那种古籍研究所，他们是研究如何经营旧书店，京都府现在有十九家书店加入该会。反观中国的旧书店几乎都是单兵作战，更谈不上什么旧书行业，很多城市书店都很少了，何况旧书店。京都这次交易会有四十多家书店参加，除前面提到的研究会成员外，京都本地的如书砦・梁山泊、汇文堂书店、天山书店等当然也参会了，另外还有滋贺、大阪、奈良、冈山等地的书店来参会。交易会就在京都市劝业馆内。

我预定的目标是找汉籍和刻本，不过没有遇到合适的。会场内汉籍不多，《文章规范》和《十八史略》算是比较抢眼的了。不过，也许是曾经沧海难为水，我曾读过有黄遵宪批语的《文章规范》，眼前这部实在不喜欢，不似平常和刻本那样的开本，反倒近于现代的32开本，虽然要价才三千日元，还是放弃了。数量比较多的汉籍是医书和相术书，还有就是一家书店摆着民国时期印的四部丛刊本十来种，看着不错，品相也好，但没有喜欢的书。

比较意外的是一些日文书。前次在东京内山书店看到内山完造写的《花甲录》，当时以为国内应该有人翻译成中文了，想想买了带回国麻烦，价格又贵，还是回国直接买中文版得了。不料，豆瓣上没有显示这本书有中译本，也许一本《我的朋友鲁迅：鲁迅挚友内山完造回忆录》就是其中文译本吧，不敢肯定，正遗憾呢！这次在交易会上见到了：大开本，比在东京所见更称手，岩波书店出版，外壳略旧，布面有积灰，而且标价才五百日元，立即下手。

当然也买了两种研究鲁迅的著作。山田敬三的《鲁迅的世界》似乎有中文译本了，我看中这本书的早期鲁迅研究，腰封上写着内容简介，第一部分就是“鲁迅的形成”，这样的题目还是日本的学者来写比较方便。另一本与鲁迅相关的书，是平川祐弘的《夏目漱石：非西洋的苦斗》，当然是研究夏目漱石的专著，但很大一部分章节都是将其与鲁迅作比较研究的，比如第二章的题目是“鲁迅与藤野先生”。另外我比较期待的是《鲁迅在仙台的记录》，大概出版于二十世纪七十年代吧，这本书里有鲁迅当年学医时的成绩单，我曾翻过一次，记得他多门专业课成绩几乎都是刚刚及格，似乎德语成绩还不错，书里有他当时笔记的手稿影印。可惜没有见到。

另外得意的是买到了《杜甫之旅》。作者探访杜甫所走过的路，有名胜也有边驿，是杜诗也是胜景，是唐代也是当代，时代交错，空间再现。很高兴买到了。从研究方法上看，正是文学与地理的交融，这样的研究方法国内并不多见，复旦大学查屏球教授曾有类似的论文，还有就是新加坡萧驰教授来过温州，实地考证谢灵运之诗的地理方位，也许温州还有朋友知道他的研究吧。这一种独特的研究方法，日文的我已经看到好几本了，以前曾收藏藤田胜久《司马迁之旅》，也是再访司马迁所到之处，将司马迁时代的中国与当下的中国一一印证，非常有趣。这本《杜甫之旅》不会让人失望。

当然顺手买了与专业有关的书，像是本间久雄《文学论考》，和田繁二郎《近代文学创成期研究》，佐藤康邦、安彦一惠《风景的哲学》等。有些纯粹是因为便宜才买的，收获不算多，自然算不上“屠书”。

值得一提的是，交易会现场可以用现金支付也可以刷卡。顾客从各家书店随便取来，不用一一到各家付款，交易会内设一个总台，提篮子到总台，服务员取下书上的标价就能算清楚，很是方便。当然，肯定有顾客会取了甲家的书放在乙家，这样书店肯定会比较麻烦。这也足见组织者的用心了。另外还有邮局的人来现场服务，可以直接在交易会内寄出，日本的邮局服务比较有保证，速度也很快。这样的交易会让我大开眼界。

走出交易会所在的京都市劝业馆，左近就有京都市立美术馆、京都国立近代美术馆，还可以再开一下眼界，尤其要说的是市立美术馆正展出凡·高在巴黎时的作品。顺便坦白一下：我也是色弱者。

二〇一三年五月三日

不曾预约“敬乡楼”

黄群（1883—1945，字溯初）修葺温州朔门旧居，将藏书处名为“敬乡楼”，1926年迁居上海后，仍用旧名命其藏书处，1928年开始校印乡邦文献，他又以“敬乡楼”为丛书名。《敬乡楼丛书》刊行四辑，共三十八种，计二百八十九卷，分装七十八册，精校善本，嘉惠学林，深得时人称赞，现在查知日本也有两家图书馆收藏，可谓流播中外了。关西大学附属图书馆藏有《育德堂外制》一种，品相完好，无题辞，无入藏信息。另有京都大学文学研究科图书馆收藏该丛书二十三种。

一直想去京都查阅此书，但手续颇为麻烦，是以一直未能成行。按一般的规定，我要先向该图书馆递交预约申请（似乎要邮寄申请而不能发电子邮件，就比较麻烦了），写清楚书名、著者、册数及索书号，得到图书馆方面确认后，我还要从关西大学图书馆取得介绍信，表明我的在校身份，再依预约时间准时入馆，方可查阅这些乡邦文献。若不作申请而贸然前去，往往不能如愿。

日本社会事事要申请，处处要盖章。闻得京都御苑、桂离宫等日本天皇旧居的庭院颇有风姿，其中，桂离宫更是日式庭院的代表之作。一直想入内观览，几次在宫内厅的网站上申请都没有成功，由于名胜保护的需要，开放参观的名额很少，最近查看桂离宫的参观申请情况，发现日程都排到几个月后了，只能抱憾。如果不申请而贸然前去，管理人员会客气地让你吃闭门羹。

我曾受人之托去查阅明代怀悦的嘉靖三十年序本《诗家一指》。该书藏于日本国立国会图书馆东京本馆，当时我能前往的时间是周六，但是图书馆这一天不接受申请。我到了图书馆，发现古籍部周六也有人上班，但不借书，只能看胶片，而《诗家一指》恰恰没有制成电子图书，馆员就不断地向我道歉。幸好关西大学图书馆藏有一部，虽然是不同版本，但至少可以弥补缺憾了。

当然，日本图书馆的电子化做得很好，像日本国立国会图书馆将已失去版权保护的图书，悉数制成电子书，任人下载。我就在它的网站上找到了《永嘉先生八面锋》的电子书，而且下载速度很快，电子书也很清晰，除非研究版本纸张，否则只要看电子书就可以了，很是方便。日本国立国会图书馆除了东京本馆外，在关西还开了分馆，馆内的电子化共享更是让人惊叹。听说这是为了防止地震，一旦东京本馆的纸质书在灾害中受损，还有电子书可以流传。另外，更有早稻田大学、东京大学等藏书丰富的图书馆，也将很多珍贵古籍制成电子书扩大流传，对于学术研究很有好处，研究者不需要东走西访就能坐拥书城。

我在关西大学图书馆查阅珍贵古籍时，也要申请预约，预约手续倒是比较简单，只是日程安排比较困难，往往要一两周以后才能阅读，而且阅读比较麻烦，管理人员将读者带到一间专门阅读贵重图书的房间里，取出书籍确认后，将门反锁，想要中途出去，只能打电话给管理人员。因此，关大的老师经常说关西地区的图书馆比较保守。我的导师任馆长后，锐意改革，据说要将一些贵重的藏品电子化后公之于众，这样就比较方便，不用挤着日程了。

虽然申请的规定严格，但日本图书馆的服务一般都很好。我在关西大学图书馆查到《育德堂外制》，网上的目录显示有入藏信息，但去借书，却没有任何信息，问了管理员。管理员说会查，查了之后打电话告诉我。后来再去图书馆，又遇到那个管理员，管理员把我叫住，拿出查找记录给我看，说找不到入藏信息。做事认真，也让人佩服。

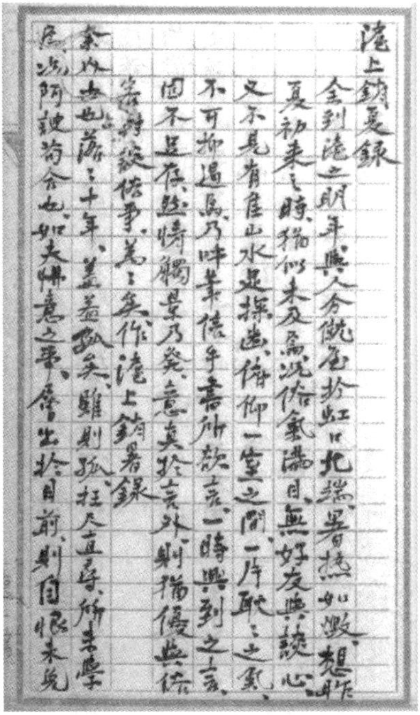

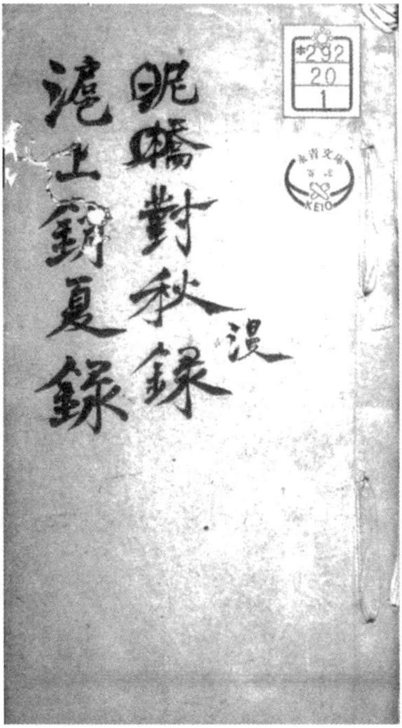

庆应义塾大学的“斯道文库”藏有古城贞吉的手稿《沪上销夏录》。古城贞吉是日本较早出版《中国文学史》的学者，曾为《时务报》的《东文报译》做过翻译，因此在上海生活过一段时间，而这份手稿就是当时的笔记，很有学术价值。古城贞吉去世后，将藏书悉数交与“永青文库”。我到现在还搞不清楚永青文库与斯道文库的关系，大概永青文库属于斯道文库管理吧。我预约后去了该馆，馆员要求洗手后戴手套才能阅读，我本以为这么隆重，怕是只能逐字手抄这本虫蛀的手稿了。试着询问后知道，可以交由他们的专业人员复制，然后寄到我的住处，很是方便。

当然，有时也可以通融，去日本国立公文书馆就非常随便，不但没有申请也没有关系，甚至还让读者对着古籍随便拍摄，只要不影响其他读者就可以了。要知道这个国立公文书馆藏的是各种公文，相当于中国的国家级的档案馆，馆中就藏着甲午之战后李鸿章签署的条约。

这次到了京都，中间有一个小时的空，虽然没有向该馆申请《敬乡楼丛书》，但恰巧到了京都大学，就去碰碰运气吧。到了文学研究科图书馆，嗫嗫嚅嚅地说明了来意。馆员说下次的话，一定需要申请手续和介绍信，但是这一次让我先看了。

京都大学文学研究科图书馆所藏《敬乡楼丛书》二十三种，主要是前三辑内的，第四辑没有收藏。每种书的书首都印有“民族研究所图书馆”字样，时间是“昭和21.4.1”，应该是1946年入藏的意思。这里需要说明的是，这个文学研究科图书馆内有狩野（直喜）文库、桑原（骘藏）文库、铃木（虎雄）文库等，收藏诸名教授的藏书。而“民族研究所图书馆”的印章表明，这些《敬乡楼丛书》是原民族研究所的藏书，该研究所的藏书主要是太平洋地区民族的宗教、经济、风俗、习惯等相关图书，并有大量汉籍。这个“民族研究所”成立于

1942年，二战时为所谓“大东亚共荣圈”的侵略活动提供民族政策建议，二战后1945年8月该研究所被撤，藏书并入文学研究科图书馆。

二〇一三年六月十三日

市河米庵跋“姜立纲帖”

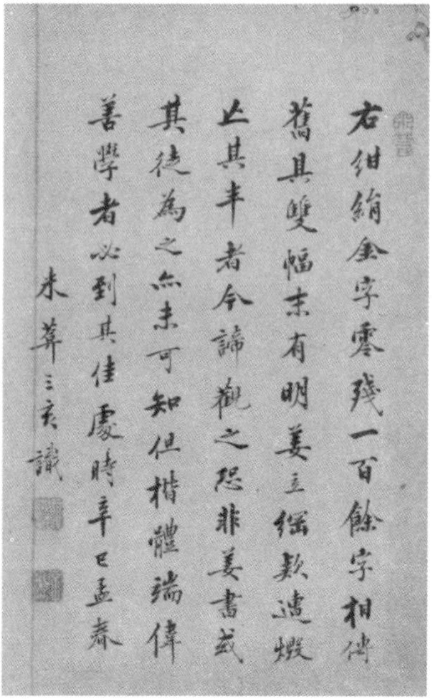

右紺綃金字零殘一百餘字相傳
舊其雙幅末有明姜立綱款遺燬
亡其半者今諦觀之恐非姜書或
其徒為之亦未可知但楷體端偉
善學者必到其佳處時辛巳孟春
米葊三亥識

东京神保町的东城书店在日本旧书网上出售“金字零卷一帖”，将作者标为“姜立纲或其徒”，大约就是接受了左图这段跋文的意见。日本旧书店一般都很规矩，我尚未碰到作假或者以次充好的事，邵先生嘱我代温州图书馆购入此帖时，我一度也担心“作者”问题，邵先生建议我向书店取得照片，由国内的书法家代为鉴定。待我看到店主寄来照片时，我觉得不管是姜立纲的作品，还是其弟子的作品，都可视为温州与日本文化交流上值得纪念的物件，待看到这段跋文后，且不说其书法尤堪把玩，就是其记载的信息，更值得考索。

这段跋文的作者署名为“米庵三亥”，就是市河米庵（1779—1858），因生于己亥九月亥日亥刻，所以取名三亥，字孔阳，另有乐斋、百笔斋、亦颠道人、小山林堂、金羽山人、西野子等号，通称为小左卫门。米庵的书法应该得之家学，其父为著名汉诗人、书法家市河宽斋（1749—1820）。宽斋是日本汉诗史上的重要人物，我曾在图书馆中见到宽斋的手迹影印本，多为和歌手迹，往往汉字与假名混写。米庵身为长子，自然要传承父业。日本家族往往由长子继承父亲的手艺，而其他儿子则要另觅出路。比如幕府时代，日本与荷兰交流，荷兰人带来了西方的医学，日本人千辛万苦学习外语和医术成了“兰医”，就将医术传长子，而其他儿子往往开药店谋生。想必宽斋一家也是如此安排，米庵得其书法，米庵的弟弟镝木云潭（1782—1853）则成了画家。米庵除了家庭熏陶外，还向游学长崎的清人胡兆新学习书法，此后因敬慕宋代米芾之书，而自号米庵。米庵二十岁时即开设小山林堂，传授书法，号称门人达五千人。与江户的卷菱湖（1777—1843）、京都的贯名海屋（1778—1863）并称“幕末三笔”。

米庵长于隶、楷，跋文中提到的姜立纲也是楷书大家，也许是同一书体的名家才更有发言权，才敢题跋。姜立纲（1444—1499），字廷宪，号东溪，瑞安梅头东溪（今龙湾海城街道东溪村）人，从小天资聪颖，幼童时已能写水平极高的径尺大字，《两浙名贤录》中记载：“七岁以能书，命为翰林院秀才。”姜立纲擅长楷书，其字体度浑厚，清劲方正，在明代天顺、成化、弘治三代名噪一时。据说当时凡内廷制诰、宫殿碑额，大多出自其手，人称“姜字”。明末清初拟话本《醉醒石》第八回还曾以姜立纲的字为道具呢，故事中主人公卖的扇面是“青绿大山水亭台人物”，“背是姜立纲大字”，引得连声“喝采”——“字也方正得好”，众人“一齐都赞”，可见姜字的特色在民间也是颇为闻名的。还有一些一时难以查证的材料，提到姜字远播日本。

这段题跋里提到的“金字零残”，其实应是《寿王安人彭氏六十序》，“绀绢金字”，第一页为题目，其后为序文内文裱成十七页、每页十二字的格式，最后一页空一字，市河米庵的题跋另纸附于最后。文章的内容不过是王安人贤良淑德之类，是一篇常规的“寿序”，颇难考证这位“王安人彭氏”的身份，而且“寿序”的文章作者也不能推断。至于书写者，市河米庵指出相传为姜立纲，但因为落款毁去，只能凭字来判断了。虽然年代久远，金字色泽不复当年风采，但字体结构仍见功力，所谓“端伟”是也。

市河米庵之所以敢推断这件作品非姜字，其首要条件应该是经眼多种姜字，这样才敢论其是非，又认为或出自其弟子之手，又足见市河米庵对姜立纲书风的深刻领悟。能做到这一点，可以想见幕末时代，市河米庵应该见到过多种姜立纲作品。这一信息就表明了姜立纲作品的确远播日本，与很多文献记载是若合符节的，并非那些文献的夸张失实。也曾读到报道说日本早稻田大学收藏有姜立纲的《四体千字文》，找来看了一下照片，的确有姜立纲的落款，但大多数字上都加了假名读音，想必已非原迹。不过，爱好收藏的日本人，应该有更多的姜立纲作品尚未公之于众吧。

我关注的倒不是书法作品，而是中日文化交流。这件作品就是两国文化交流的具体见证，锁国的日本是通过什么方式得到姜立纲的作品？在日本的流传过程中，又如何在大火中“毁亡其半”？市河米庵是收藏者还是鉴定者？这篇跋所展示出来米庵与姜立纲之间这样隔着时空的对话，又彰显了中日书法交流怎样的一面？市河米庵既已认定非姜立纲之作，又为什么说“善学者必到其佳处”？他们面对中国的书法作品又是怎样的心态？还有很多谜团。这件作品虽遭大火毁亡其半，但前人手泽并未与之俱亡，虽然上面的金字光泽不再，但中国文化的幽光不灭。

二〇一三年盂兰盆节

和刻本《永嘉先生八面锋》题记

清代书商程伟元说自己于“鼓担”上得《红楼梦》残本十余卷。胡适不相信天下有如此巧遇，考定其为“鼓担神话”，之所以敢推翻旧说，是因为新月书店将一部“海内最古《石头记》钞本”送到他府上。胡适这番奇遇奠定了新红学的基础。周汝昌从胡适手里借得此书，大为兴奋，阅读抄写之后，在这部孤本《脂砚斋重评石头记》后面写了题记：

卅七年六月，自适之先生借得，与祜昌兄同看两月并为录副。周汝昌谨识。卅七、十、廿四。

这样才称“题记”。我当然不敢在和刻本《永嘉先生八面锋》书后信笔涂鸦。用“题记”命名，自是邯郸学步，姑且美其名曰：拟古。

太田泰藏閱

永嘉先生八面鋒

壬生自成堂藏梓

自成堂

永嘉先生八面鋒卷之一

至言若迂有益於國

生財　圖治　養士　論戰

仁人之言其始若迂闊而不可行及要其終而先其所成則夫取利多而終以無弊者無有能過其說故夫子之於衛嘗欲正名而子路笑之矣有若之於魯嘗欲以徹而魯君非之矣夫衛之亂若非正名之所能理而魯之飢若非徹之所能捄然而欲無飢與亂則莫若此二者何者其取利也遠故取之多而民不知其致力也深故政不暴而事有漸

八面鋒卷一　二

和刻本《永嘉先生八面锋》计十三卷共四册，板记题作：壬生自成堂藏梓，天保十五年甲辰三月，太田泰藏阅。长二十六厘米，宽十八厘米，每页十行，每行二十字。字大行疏，十分悦目。前有太田保序，序后为《宋史止斋先生陈文节公传》，明弘治癸亥七月十日吴人都穆的序言、嘉庆时陈春题识皆移至书后，并加了编校者山家博信《复刻八面锋跋》一文，只是“复刻”原文写作“複刻”。跋中交代了该本渊源：

（本传）不称书名者，岂淳熙制赐之前，未有题签与。

前此吾藩儒师，尝得古写本读之，慊其未刻于我，后又购清陈东为湖海楼雕本，则彼此雠校，为正鱼鲁，锓之藩黌，以广其传。孟子云：读其书，不知其人，可乎。并录本传于卷首，而便览者焉。斯编，流传之久，明有误脱，然大较可读矣。信与校订，因掇数言，以志所自而已。天保癸卯十月壬生山家博信谨识。

明代都穆之前，《永嘉先生八面锋》往往未题著者，都穆考定著作权归永嘉陈傅良，而《四库提要》虽然仍题为陈氏，但指出《宋史》陈傅良本传中未提及此书等疑问，颇怀疑是伪书。而和刻本于跋中提到这一点，恐怕是山家博信对《四库提要》的反驳。

书中天头偶尔有校注，指出误字若干。全书已施加句读和训点，是和刻本最明显的特征。训点是日本人阅读汉文时在句中所加的符号。加上训点后，就可以用日语的语序来理解汉文了。我们知道汉语大多是先谓语后宾语的语序，而日本则相反，需要调整汉文的语序，才能理解文意，所以他们在应该调整顺序的那个汉字的一角标上“一、二”，有时也标“上、下”，当然训读在历史上有不同的标记。这种训读法可能传自朝鲜，事实上有人考证，越南也曾使用训读法来读汉文，甚至已经消失了的高昌、契丹都曾使用训读法来理解汉文，东亚文化交流的基础就是训读。

《永嘉先生八面锋》虽然只有十三卷，但一直为世所重，自然是因为科举。中国有科举制，刊行《永嘉先生八面锋》当然会有市场，而日本没有科举制，大约是看中其议论和文采。太田保序言说："善读者，推类引伸，因旧而致新，八面其锋，所触皆解，可以影响万变，而无穷已矣。"所以才有幕府时代藩学校复刻此书。我在日本国立国会图书馆的目录中，看到有《书简八面锋》《现代八面锋》等，恐怕就是模仿《永嘉先生八面锋》而命名的吧。

孙衣言《永嘉先生时文序》中说："吾乡南宋时学者极盛，而当时科举之文亦推东瓯婺越。乡先生中如陈文节之《待遇集》，叶文定之《进卷》，及《八面锋》《奥论》《论祖》等作，皆所谓场屋文字，一时谓之永嘉体。"并以此书推荐给前来问学的乡邑后生。永嘉而有体，确为吾乡文章盛事，《永嘉先生八面锋》对温州读书人而言，更是别有情味。

卢礼阳先生整理刊行了《黄群集》，得知我赴日一年，还嘱我查询黄群在早稻田大学相关记录尚存否。可惜我好不容易去一次东京，也未能一探究竟。礼阳先生还让我留意日本收藏黄群《敬乡楼丛书》情况。我查到关西大学附属图书馆和京都大学文学研究科图书馆两处有藏。关大仅收藏一册《育德堂外制》，没有入藏信息，不知该书是如何流到关大的。京都大学文学研究科图书馆所藏二十三种，网上仅看到出版时间，本来想去看看有无黄群的题词，可惜我有空的时候，图书馆休息。礼阳先生对乡邦文献这样念兹在兹，着实显示了乡邦文献对后人的感召力。

这部《永嘉先生八面锋》是为方韶毅先生代购的，方先生恐怕也是受了乡邦文献的感召。当时我就告诉方先生，我有该版本的电子书，若是偶尔查阅，就不必买纸本了。可是电子书怎么会有古籍那种摩挲在手的感觉？更何况和刻本精美尤在一般汉籍之上。网购付钱是世界读书日前一天，快递于世界读书日后一天寄达，当天晚上回到住处，我从邮箱里取出一看，虽经如此岁月，还是让人爱不释手。方先生说日本旧书网上还有一套，不如建议温州图书馆也购入一套吧。真是独乐乐不如众乐乐。

二〇一三年四月廿五日

文学概念

兴膳宏的“文学”概念史论再考

兴膳宏著，《六朝期における文学観の展開——ジャンル論を中心に》（《六朝时期文学观的发展：以文体论为中心》，载《中国の文学理论》，大阪：清文堂，2008年）。

一

兴膳宏《六朝期における文学観の展開——ジャンル論を中心に》（《六朝时期文学观的发展：以文体论为中心》）指出中国最早出现“文学”一词的文献是《论语·先进篇》：

德行：颜渊、闵子骞、冉伯牛、仲弓。言语：宰我、子贡。政事：冉有、季路。文学：子游、子夏。

兴膳宏认同其师吉川幸次郎的注释，认为《论语》原文中“文学”理应释作“学问，尤其意味着有关文献上的学问”。同时还引用《荀子·王制篇》及《汉书》卷六《武帝纪》、卷五十六《董仲舒传》、卷九十六《西域传》几条语料佐证吉川幸次郎注释的合理性。这里把这几条语料抄下来，以省翻检：

虽庶人之子孙也，积文学，正身行，能属于礼义，则归之卿相士大夫。（《荀子·王制篇》）

元朔元年冬十一月，诏曰：“……故旅耆老，复孝敬，选豪俊，讲文学……”（《汉书》卷六《武帝纪》）

仲舒对曰……秦继其后，独不能改，又益甚之，重禁文学，不得挟书。（《汉书》卷五十六《董仲舒传》）

乃者以缚马书遍视丞相、御史、二千石、诸大夫、郎为文学者。（《汉书》卷九十六《西域传》）

尤其是《西域传》这条材料，颜师古注“为文学，谓学经书之人”，进一步说明了吉川幸次郎译注的可靠性。因此这一“文学”与现在中国、日本所指的透过语言表达的艺术作品——相当于英语literature一词的概念——并不相同，现代汉语中“文学”一词是由日本逆向输入的。这实际上已经说明中国古典的“文学”与现代的“文学”（literature）相去甚远。

但是，兴膳宏的论文随即指出，“《论语》中的‘文学’并未完全排除literature的意思”，因为宋人邢昺疏释《论语》中的“文学”为“文章博学”，暗示了“文学”含有“文章”的意思，也即兴膳宏虽然认为《论语》中的“文学”与literature不同，但“文学”里所包含的“文章”意义，却仍是literature的一种表现。其实，中国的郭绍虞在1928年《东方杂志》第25卷第1期《文学观念与其含义之变迁》中已经提出这种看法，他的结论是“最初期的文学观念，亦即最广义的文学观念；一切书籍，一切学问，都包括在内”。

我认为这是一种误解，关键在于“文章博学”的“文章”是否能够等同于现代的“文学”（literature）？

从程树德《论语集释》、黄怀信《论语汇校集释》、高尚榘《论语歧解辑录》诸书所收集材料可以看出，历代注疏此章关注三点：一是四科之所指，二是十哲之才性所长，三是四科之递进关系。因通行版本四科之次序与《史记》所列不同，很多注家认为此中有微言大义，此处不赘。关于四科之所指，如怀德堂本《论语义疏》皇侃引范宁注“四科”云：

德行，谓百行之美也。四子俱虽在德行之目，而颜子为其冠也。言语，谓宾主相对之辞也。政事，谓治国之政也。文学，谓善先王典文。

这里解释了德行、言语、政事和文学四者的所指，其中“文学”之意为“善先王典文”，而皇侃自己加案语解释了四科次第，曰：

四科次第，立德行为首，乃为可解，而言语为次者，言语君子枢机，为德行之急，故次德行也。而政事是人事，比言语为缓，故次言语也。文学指是博学古文，故比三事为泰，故最后也。

这里可以看出，“善先王典文”也即“博学古文”，后世的注疏大体不离皇侃，如题为韩愈所撰《论语笔解》注此章云：

德行科最高者，《易》所谓“默而识之，故存乎德行”，盖不假乎言也。言语科次之者，《易》所谓“拟之而后言，议之而后动”，拟议以成其变化，不可为典要，此则非政法所拘焉。政事科次之者，所谓“虽无老成人，尚有典刑”，言非事文辞而已。文学科为下者，《记》所谓“离经辨志，论学取友，小成大成”，自下而上升者也。

将四科次第与四科所指结合起来疏释，其中“文学”用《礼记·学记》“一年视离经辨志……七年视论学取友，谓之小成……九年……谓之大成”来解释，其实也不违“善先王典文”之意，其中“离经”“论学”，正是善“先王典文”的另一种表达方式。后世陈沣《东塾读书记》则直接以“通经史”来释“文学”，也是此“善先王典文、博学古文”另一种表达：

德行、言语、政事、文学，皆圣人之学也，惟圣人能兼备之。诸贤则各为一科，所谓“学焉而得其性之所近”也。惟诸贤各为一科，故合之而圣人之学乃全。后世或讲道学，或擅辞章，或优干济，或通经史，即四科之学也。

因此，今人将“文学”译为“文献”或“学问”，如杨伯峻《论语译注》疏释“文学”为“指古代文献，即孔子所传的《诗》《书》《易》等”，进一步将“古文”具体化为《诗》《书》《易》等经书。同样吉川幸次郎译“文学”不加限定具体内容：“学问，尤其意味着有关文献上的学问。”李零《丧家狗：我读〈论语〉》则将“文学”解释得更宽泛：“不是今天说的文学。文学是对方术而言。方术是古代的自然科学（也包括各种迷信），文学是古代的人文学术。”

从十哲才性入手，是历代注家疏释的第二个视角。汉晋旧注已发其端绪，如王弼注：“此四科者，各举其才者也，颜渊德之俊尤兼之矣，弟子才不徒十，盖举其美者以表业分名，其余则各以所长从四科之品也。”后来朱熹《四书章句集注》也以此入手：“弟子因孔子之言，记此十人，而并目其所长，分为四科。”只是并没有详细考释子游、子夏二人之所长，而邢昺之疏释也是这一思路，其原文如下：

言若任用德行，则有颜渊、闵子骞、冉伯牛、仲弓四人；若用其言语辩说，以为行人，使适四方，则有宰我、子贡二人；若治理政事，决断不疑，则有冉有、季路二人；若文章博学，则有子游、子夏二人也。然夫子门徒三千，达者七十有二，而此四科唯举十人者，但言其翘楚者耳。

兴膳宏所引邢昺之注，即此处“文学”指“文章博学”。粗看之下，“文章博学”似可指善属文章而学问广博之意。我们细绎文脉，可知颜渊、闵子骞、冉伯牛、仲弓四人以德行冠诸弟子；宰我、子贡二人胜在言语；冉有、季路二人宜为政事；子游、子夏二人则以“文学”为翘楚，只不过宋人邢昺用“文章博学”四字来表示子游、子夏之所长。这正是注释十哲才性所长来明确四科之所指，只是同样没有详细展开，未知其“文章博学”之所指。

据王利器《文学古训辨正》一文所考，《史记·仲尼弟子列传》说“子夏居西河教授，为魏文侯师”，《史记索隐》中“子夏文学著于四科，序《诗》，传《易》。又孔子以《春秋》属商。又传《礼》，著在《礼志》”已经说明了子夏长于《诗》《礼》《易》等。至于洪迈《容斋续笔》卷十四有详细说明：“孔子弟子惟子夏于诸经独有书，虽传记杂言未可尽信，然要为与他人不同矣。于《易》则有《传》，于《诗》则有《序》……于《礼》则有《仪礼·丧服》一篇……于《春秋》，所云‘不能赞一辞’，盖亦尝从事于斯矣……后汉徐防上疏曰：‘《诗》《书》《礼》《乐》，定自孔子，发明章句，始于子夏。’”也从文献的角度说明了子夏之所长，而清人刘宝楠《论语正义》作了进一步发挥，详细疏释了十哲之才性所长：

《周礼·地官·师氏》注云：“德行，内外之称。在心为德，施之为行。”颜子好学，于圣道未达一间；闵子骞孝格其亲，不仕大夫，不食污君之禄；仲弓可使南面，荀子以与孔子并称。冉伯牛事无考，观其有疾，夫子深叹惜之。此四子，为德行之选也。

《孟子·公孙丑篇》：“宰我、子贡善为说辞，冉伯牛、闵子善言德行，孔子兼之，曰：‘我于辞命，则不能也。’”是言语以辞命为重。《毛诗·定之方中》传：“故建邦能命龟，田能施命，作器能铭，使能造命，升高能赋，师旅能誓，山川能说，丧纪能诔，祭祀能语。”此九者皆是辞命，亦皆是言语……《弟子列传》："宰予利口辨辞，子贡利口巧辞。"是宰我、子贡为言语之选也。

夫子言"求也艺，由也果，可使从政"，是冉有、季路为政事之选也。

沈氏德潜《吴公祠堂记》曰："子游之文学，以习礼自见。今读《檀弓》上下二篇，当时公卿大夫士庶，凡议礼弗决者，必得子游之言以为重轻。故自论'小敛户内，大敛东阶'，以暨'陶''咏''犹''无'诸节，其间共一十有四，而其不足于人者，惟县子'汰哉叔氏'一言，则其毕生之合礼可知矣。"朱氏彝尊《文水县卜子祠堂记》曰："徐防之言'《诗》《书》《礼》《乐》，定自孔子；发明章句，始于子夏'。盖自《六经》删述之后，《诗》《易》俱传自子夏，夫子又称其可与言《诗》，《仪礼》则有《丧服传》一篇。又尝与魏文侯言乐，郑康成谓《论语》。为仲弓、子夏所撰。特《春秋》之作，不赞一辞，夫子则曰《春秋》属商。其后公羊、谷梁二子，皆子夏之门人。盖文章可得而闻者，子夏无不传之。文章传，性与天道亦传，是则子夏之功大矣。"由沈、朱二文观之，是子游、子夏为文学之选也。

德行、言语、政事三科，皆以诸人才性所长来印证，且此三科之意，与汉晋旧注并不相违。同样，“文学”一科，先举子游、子夏之才性所长，实则在于《诗》《书》《礼》《乐》诸经文章，所以最后强调“文章可得而闻者，子夏无不传之。文章传，性与天道亦传，是则子夏之功大矣”，则此处所谓“文章”实即“《诗》《书》《礼》《乐》”“古文”“先王典文”也，并非指子游、子夏“飞文染翰”“善属文章”也。

朱熹在《论语或问》中对“文学”作了说明：“文学者，学于《诗》《书》《礼》《乐》之文，而能言其意者也……然程子犹以为游、夏所谓文学，固非秉笔学为词章者，学者尤不可以不知也。”这可以作为宋人意见的代表，我们可以相信邢昺并没有偏离历代注释《论语》的轨道。同样，这一轨道一直延续到今天。今人杨树达《论语疏证》案云：“曾子云‘夫夫也，为习于礼者’，知子游在当时已有习礼之名矣。同门之友，曾子服焉；有子、子夏质焉；其他疑于礼者取决焉。子游之长于文学，有明征矣。”以“文学”为“习礼”之谓也；李泽厚《论语今读》进一步译为“熟悉礼仪文献”，直接指出“‘文学’并非后世的‘文章’，主要指有关礼仪制度的学问”，大概都与皇侃《论语义疏》“善先王典文”不相违背。

一般认为，汉晋旧注较后人新说更为保险可信，就这一章而言，历代注家虽然有不同的注释视角，但对“文学”的理解相去不远。因此从历代笺疏的脉络来看，邢昺的“文章博学”中“文章”并非“善属文章”“飞文染翰”之意，实则仍然是指“善先王典文”。其实，何晏对“文章”二字的理解是“章，明也。文彩形质著见”，邢昺解释“夫子文章”时说“夫子之述作威仪礼法有文彩，形质著明”，朱熹说“文章，德之见乎外者，威仪文辞皆是也”。Legge则将“夫子文章”译为“表现在夫子日常起居中的道德准则以及夫子对这些准则的普通表述”。因此这个“文学”当然没有包括literature的意味。退一步讲，即使宋人邢昺“文章”可以通向literature，也不能说明先秦《论语》中的“文学”含有literature的可能。兴膳宏的理解不成立。

其实，王利器《文学古训辨证》一文考察了两汉之前的“文学”用例，发现主要有下面三种意义，一以文学与儒、儒者、儒士、儒墨、俗儒、拘儒、有道之士同时并举；二以文学与《诗》、《书》、《春秋》、《颜氏春秋》、《论语》、经籍、经学、经艺、经术、古文、古义、儒术、先王之术等相提并论；三以文学而举明经，或以明经而为文学。实则所举之术、之人，当与文学之术、文学之人为同义词，即两汉以前文学即经学也，文学与文章，二者固不可混为一谈也。可以说，《论语》中的“文学”一词，并无分蘖出“文章”（literature）的可能。

二

兴膳宏因宋人邢昺注《论语》中“文学”为“文章博学”，而认为“文学”有“文章”（literature）的阐释空间，这一阐释到魏、晋之后就确定下来，故《三国志》中出现的几个“文学”用例已经慢慢接近现今的概念。换言之，兴膳宏认为现今的“文学”概念可以追溯到撰写《三国志》的时代。

这很有必要作一番审查。先将其所引的例句列出如下：

初，帝好文学，以著述为务，自所勒成垂百篇。又使诸儒撰集经传，随类相从，凡千余篇，号曰《皇览》。（《魏书》卷二《文帝纪》）

始，文帝为五官将，及平原侯植皆好文学。粲与北海徐干字伟长、广陵陈琳字孔璋、陈留阮瑀字元瑜、汝南应玚字德琏、东平刘桢字公干，并见友善。（《魏书》卷二十一《王粲传》）

兴膳宏说这两个例子中的“文学”不单单指“学问”，它还意指以诗文为中心的“文章”。铃木修次的论文《“文学”の訳語の誕生と日・中文学》也有相近的观点。这里有循环论证的嫌疑。以今天的眼光和标准看，曹丕、曹植、王粲、徐干、陈琳、阮瑀、应玚、刘桢等人都是文学家，他们的著作都是文学作品，那么，这里的“文学”似乎和今天的“文学”是一个意思。这实际上是先认定了“文学”家身份，再来推求这个例子中“文学”的概念。问题在于，这个“文学家”身份是今天的眼光和标准下的认定，是我们有了现代的“文学”概念下的操作，是典型的反向格义。

“格义”是指用本土原有的概念去解释外来语言文化中翻译过来的新观念，如早期佛教传入汉地，沙门用老庄等外典比附解释佛法。《高僧传》卷四《晋高邑竺法雅》：“雅乃与康法朗等，以经中事数，拟配外书，为生解之例，谓之格义。”“反向格义”就是用外来文化中的观念和术语去解释、研究本土旧有的概念的一种方法。用现代的“文学”概念来重新组合中国传统文献、重新阐释传统知识、重新建构审美历史……正是在“文学”的反向格义之下，所以才把《诗》从经部析出纳入文学，把《诗》当诗读，所以中国文学史可以追溯到先秦而《中国文学史》书写却仅仅从晚清开始，所以中国传统文论与现代文学理论圆凿方枘需要提倡中国特色，所以中国文学古今有异同需要研究其演变过程……在哲学研究中，学者早已经质疑中国到底有没有“哲学”，现在一般认为这是中国人通过“哲学”来重新认识中国传统的知识与文献，他们称这种再阐释为“反向格义”。我们所理解的中国文学史，也是一种“反向格义”的结果，是一种阐释出来的历史，是一种重新组合的文献集合。将曹丕等人认定是文学家，显然是“反向格义”的结果。

我认为考论这些例句中的“文学”的所指，应该还原到历史语境中去，尤其是概念史的语境中。我们只要细读一下裴注对曹丕的说明，就可以明确这里的“文学”与现代的“文学”所指并不相同。《文帝纪》这一段实为此纪最后的内容，裴注引《魏书》云：

帝初在东宫，疫疠大起，时人凋伤，帝深感叹，与素所敬者大理王朗书曰：“生有七尺之形，死唯一棺之土，唯立德扬名，可以不朽，其次莫如著篇籍。疫疠数起，士人凋落，余独何人，能全其寿？”故论撰所著《典论》、诗赋，盖百余篇，集诸儒于肃城门内，讲论大义，侃侃无倦。常嘉汉文帝之为君，宽仁玄默，务欲以德化民，有贤圣之风。时文学诸儒，或以为孝文虽贤，其于聪明、通达国体，不如贾谊。帝由是著《太宗论》曰：“昔有苗不宾，重华舞以干戚；尉佗称帝，孝文抚以恩德；吴王不朝，锡之几杖以抚其意，而天下赖安。乃弘三章之教，恺悌之化，欲使曩时累息之民，得阔步高谈，无危惧之心。若贾谊之才敏，筹画国政，特贤臣之器，管、晏之姿，岂若孝文大人之量哉。”三年之中，以孙权不服，复班

《太宗论》于天下，明示不愿征伐也。他日又从容言曰：“顾我亦有所不取于汉文帝者三：杀薄昭、幸邓通；慎夫人衣不曳地，集上书囊为帐帷。以为汉文俭而无法。舅后之家，但当养育以恩而不当假借以权。既触罪法，又不得不害矣！”其欲秉持中道，以为帝王仪表者如此。

显然，这里所谓“好文学”即在于著书论学，而且编纂《皇览》更是偏于学问之事，隐隐与“武力”相对。观其举《太宗论》即可了解注者的意图，举《太宗论》中力足以服尉佗而不用武者的汉文帝，以相形力不足以制孙权而欲借文字以折服的魏文帝。这一意图，还可以见《文帝纪》开头裴注引《魏书》云：“（文帝）年八岁，能属文，有逸才，遂博贯古今经传、诸子百家之书。善骑射，好击剑，举茂才，不行。”能属文与善骑射捉置一处，可能明白《文帝纪》最后这一段所说的“好文学”与“用武力”相对，所指实为“博贯古今经传、诸子百家之书”，这个“文学”就是孔门四科中的“文学”，相当于今天所说的学问，只不过其学问与孔子时代不同罢了。

至于第二例，“文学”的确易使人以为仅指文章之士，其实若将其语置于大背景中理解，则仍解作具有文化素养的博学之士较确。《王粲传》中“邯郸淳”下裴注引《魏略》云：

会临菑侯植亦求淳，太祖遣淳诣植。植初得淳甚喜，延入坐，不先与谈。时天暑热，植因呼常从取水自澡讫，傅粉。遂科头拍袒，胡舞五椎锻，跳丸击剑，诵俳优小说数千言。讫，谓淳曰："邯郸生何如邪？"于是乃更着衣帻，整仪容，与淳评说混元造化之端，品物区别之意，然后论羲皇以来贤圣名臣烈士优劣之差，次颂古今文章赋诔及当官政事宜所先后，又论用武行兵倚伏之势。乃命厨宰，酒炙交至，坐席默然，无与伉者。及暮，淳归，对其所知，叹植之材，谓之"天人"。而于时世子未立，太祖俄有意于植，而淳屡称植材……

可见，这里称"材"、"天人"，并非专指文才而言，所谓好文学仍是指学问，只不过是泛泛而言，甚至连小说俳优之言也算是学问。可见"文学"一词出现泛化而非专指，更不必完全指经史诸子之学，但总体上仍是先秦以来"文学"的基本概念。因为儒家思想的影响及《论语》的传播，孔门四科的名目皆有泛化的倾向，但其背后的思维框架仍没有变化。

三

兴膳宏还提到《世说新语》中的"文学"以及《南齐书》《梁书》《陈书》等正史中的"文学传"，并认为其皆表明此一时代的"文学"已经包含了文章的意味。

的确，《世说新语》开篇立目乃是承袭“孔门四科”而来，即德行、言语、政事和文学为前四篇，其中《文学》共一百零四则，杨勇《世说新语校笺》认为这些皆为清谈之主题，第一至四则为经学的内容，时人称为儒学；第五至六十五则为玄学范畴，涉及《周易》、老庄、佛典等；第六十六则起多为文人逸事、诗文批评等内容。这些内容包含着两个时间序列，即从第六十六则曹植七步诗故事起，时序重新回到了曹魏时代，这在《世说新语》中是极为特殊的，显见是编者有意的安排，可以说确乎显示出了《世说新语》时代对文人与诗文别具一格的重视。因此转引王叔岷《世说新语补正》的说法而认为这里的“文学”虽本《论语》四科之一，而内容包罗更广，经学、佛学、纯文学皆属之。

其实，如果将《文学》与第二章《言语》对比，可以发现《言语》皆为应答之辞或感叹之言，是不著于文字者，而《文学》皆是有关文字的篇章，或由篇章而及作者之逸事，所以经学属之，佛学也属之，诗文也属之，否则仅言谈而不著于文字，则如谢道韫“未若柳絮因风起”的才思也不著录于《文学》，而入于《言语》，并非《文学》里已有纯文学的思想。

魏晋以来，孔门四科的确已经不能涵盖所有的知识门类，即便同样是德行、政事，也发生了很大的变化。可以说，魏晋时期仍使用这些名词，不过是因袭故事而已。《宋书》卷九十三《隐逸》中提到刘宋元嘉十五年设立文学馆，与儒学、玄学、史学并列，《南齐书》《梁书》《陈书》等正史中的设立“文学传”，也可以说是“孔门四科”思维框架的延续，文学传中的确也有后世所谓的文学家，但这种巧合并不代表“文学”已经有了实质性的变化，更不能说这个词已经产生出literature那样的含义。

之所以说，魏晋时期的“文学”不会包含literature的意味，是因为两者没有处于可以对接的思想史框架之中。虽说“东海西海，心理攸同；南学北学，道术未裂”，可思想史、概念史的差异的确存在，东西之间的差异并不能直接强行弥合。西方同样也有一个漫长的literature词汇史，及其演变成现代意义时，是有一个本质要求的，正如韦勒克所言：

> “文学”作为现今文学的含义之一，表示所有的文学作品，是在十八世纪民族化了的，随即被运用到法国、德国、意大利和威尼斯文学中。与此同时，它也就失去原先广泛的含义，变成狭义的，我们今天所谓的“想象文学”，也就是诗歌和想象的、虚构的散文。

因此，在我看来，literature与魏晋时代的“文学”一词很难直接画上等号，虽然两者都涉及诗文，而将诗文视为文学则是现代的观念之一，不能将“反向格义”后的诗文范畴观来套魏晋时代的“文学”范畴。只因为literature后来的译名为“文学”，学者为此作了过多的阐释，以求古今道术未裂、东西心理攸同，实则大可不必，相较于“文学”，我认为中国历史上的“文”概念更接近于literature概念，若能揭示两种观念背后的不同思想史、概念史框架，才是正途。

铃木贞美"文学"概念史论札记

日本学者铃木贞美有一系列研究"文学"概念的著作,《日本の"文学"を考える》(角川书店,1994)、《日本の"文学"概念》(作品社,1998。中译本《文学的概念》,译者王成,中央编译社,2011)、《"日本文学"の成立》(作品社,2009)等,应该是目前对日本的"文学"概念史研究最为深入、广泛的学者。中日之间的词汇、思想交流的历史事实使得研究日本的"文学"概念史也要涉及中国的"文学"概念史,反过来也一样,研究中国的"文学"概念史,也要研究日本的"文学"概念史。最近几年,铃木贞美还在中国的期刊上发表过有关中国"文学"概念史的论述,就很有参考价值。

不过,我跟铃木贞美的基本预设不同,所以对"文学"概念史的理解相去甚远。铃木贞美曾有一篇文章批评柄谷行人

《日本现代文学的起源》一书。柄谷行人《日本现代文学的起源》强调观念制度的历史性，观念的制度一旦成立，就会产生一种颠倒，隐蔽其之前的东西，我们已经处于观念的制度内部，无法觉察这种颠倒。而“文学”正是这样一种现代的观念制度。其实英国的伊格尔顿也有近似的观点，伊格尔顿在《二十世纪西方文学理论》第一章《英国文学的兴起》中说：“既然我们都是一些后浪漫主义者，就是说，我们是浪漫时代的产物而不是自信的后来者，所以我们很难把握这一观念是如何地奇怪，如何地具有历史局限性。”铃木贞美《起源論の陥穽——柄谷行人“日本近代文学の起源”批判》（载《現代日本文学の思想》）认为柄谷行人所谓的“现代日本”其实是以现代西欧为范本，这一立论前提是错误的，因为这是一种外部的视角，而内部—外部二元对立的方法中，会将内部的多样性遮蔽起来，比如柄谷行人对“风景”这一概念就是如此。铃木贞美认为柄谷行人对日本的文学史理解有误，铃木认为日本精神文化的“现代”，宜从江户时代后半期开始考察，至1910年前后，才迎来大的根本性变革，而柄谷行人则以昭和三十年代为“现代主义”的起源。《日本の“文学”概念》第九章中，铃木贞美更是举了多种“现代”的起源观，认为日本的“现代”要素已经散见于德川时代的政治形态和经济形态中，不需要西欧近代以国民国家为基础而形成的文化体系的统合。按照不同的标准，从东亚的古代文艺中找出西欧现代“文学”的起源也不是不可能，比如“中国古代的‘文学’含义是学习古代典籍。如果忽略以经书为中心的内容，可以说与意味着依靠读书获取学识的拉丁语litteratura意思几乎完全相同”。拉长时段、强调连续——这正是铃木贞美“文学”概念史研究中的一个倾向。这令人想起中国史讨论的两个基本范式，“刺激–反应”论和“内在理路”说。其实正是铃木过分强调内在理路，使得其“文学”概念史演变没有一个界限和节点，只能不断提出狭义、广义之分，颇有治丝益棼之感。

我观察“文学”概念史的方法倒是接近柄谷行人，不过，和柄谷的关注点完全不同。柄谷行人的论述很受中国现当代文学研究者重视，因为同样需要为中国现代文学找出一个起点。我认为最大的装置是“文学”这个概念本身，至于“中国文学”“日本文学”“现代文学”等起源问题，其实是在“文学”这个概念内部，这些问题是“文学”概念本身带来的，就像反现代、后现代是现代主义本身所带来的那样。同样地，我认为在“文学”概念内部无法考察“文学”概念的起源，更无法梳理“文学”概念史。相对于柄谷行人的“装置”与“颠倒”论，我更愿意提倡“反向格义”。提倡这个思路不是强调内部的连续性，也不强调外部的刺激性，而是强调文化交流的过程性。不可否认，晚清以来的中西文化交流中，西方是强势文化，带来很多概念工具、思维框架，对中国影响至巨，而“文学”是其中之一。中国人接受这个概念之后或者说接受这个概论的过程中，自然用它来“反向格义”中国传统的文献和思想。

我们可以举《诗经》为例，《诗经》在传统四部分类中是“经”，主要表达的思想多为先王之道，当我们有了“文学”这个概念后，发现《诗经》是“诗”，很多篇什表达了男女的爱情生活。再比如，小说在传统四部分类中或子或史，是小道，当我们有了“文学”这个概念后，发现中国的小说类型很独特，同时也发现古代中国颇不重视小说。这是我们的思维框架不同的结果，两造的论述并不是是非对错的问题，而是言说背后的思路问题，而最大的框架正是“文学”。

同时，还应该说明“文学”概念史研究为什么不能强调连续性，而是用“反向格义”来理解。张灏曾提出“转型时代”论述，认为从1895年至1925年间是近代中国转型的关键，中国社会由传统走向现代。其实，西方文化史上同样也有这样的转型时期，比如德国学者科塞雷克就曾提出“鞍型期”理论，认为欧洲从早期近代走向十九世纪和二十世纪，从前现代走向现代，1750年至1850年是一个过渡时期。这些学者认为传统与现代其实不只是时间的先后，更是有不同的社会、思想的架构。余英时借用杜牧“丸之走盘”的妙喻来说明十九世纪晚期中国的变化："丸之走盘，横斜圆直，计于临时，不可尽知。其必可知者，是知丸不能出于盘也。"余英时说"盘"是传统的外在间架，"丸"则象征着传统内部的种种发展的动力，十八世纪以前，中国传统内部虽然经历了大大小小各种变动，有时甚至是很激烈的，但始终没有突破传统的基本格局，正像"丸不能出于盘"一样，而十九世纪晚期以后，中国传统在内外力量交攻之下，很快进入一个解体的过程。这次是"丸已出盘"，一般史学家和社会科学家都认为这是中国从"传统"走向"现代"的新阶段。简而言之，传统与现代的转型主要是两种不同架构的转换，就"文学"这一概念而言，它其实是现代概念框架的组成部分，与传统概念框架中的"文"有一定的相似性，二者不能简单对接在一起，却是连续相承的。因为我们已经处于现代概念框架内部，无论持何种"文学"观，其实都是进入了"文学"的概念框架，带有"文学"的思维框架去看待中国传统的文献和思想，实则已经是一种"反向格义"了。而考察"文学"概念史，必须明白这种"反向格义"的存在，不必强调连续性。

二

《日本の"文学"概念》的第二章考察了汉语中"文学"

一词的词源及演变，结论是“文学”一词随着儒学的盛行，逐渐有指代“六经”之学（即经学）的倾向。但所用的语料仅有四则，分别出自《墨子·天志中》《荀子·王制》《史记·秦始皇本纪》《汉书·董仲舒传》。举例比较简略的原因，大概是中国的“文学”概念史不是该书的主题，自是一笔带过即可。以今天电子检索的方法，我们当然可以采集更多的用例。另外王利器《文学古训辩证》一文中对先秦两汉“文学”一词用例有较翔实的分析，足以补充秦汉时期的更多用例，择要列出如下：

《荀子·大略》：人之于文学也，犹玉之于琢磨也。《诗》曰：“如切如磋，如琢如磨。”谓学问也。和之璧，井里之厥也，玉人琢之，为天子宝。子赣、季路，故鄙人也，被文学，服礼义，为天下列士。

《韩非子·难言第三》：殊释文学，以质性言，则见以为鄙。时称《诗》《书》，道法往古，则见以为诵。（王先谦注云：殊释，犹言绝弃。诵，诵说旧事。）

《吕氏春秋·荡兵》：今世之以偃兵疾说者，终身用兵而不自知，悖，故说虽彊，谈虽辨，文学虽博，犹不见听。

《淮南子·精神训》：藏《诗》《书》，修文学，而不知至论之旨，则拊盆叩瓴之徒也。

这几则语料足以表明“文学”作为一种学问，主要研习《诗》《书》一类的典籍。其中《韩非子》和《淮南子》中这两个用例最为显豁，《韩非子》中云绝弃“文学”则为鄙陋，引经据典则为食古不化，这两种相对的“难言”，正表明了“文学”与《诗》《书》的互文关系。《淮南子》中藏《诗》《书》与修文学，正是复指关系。这与《论语》中孔门四科的“文学”所指保持了一致，朱熹《论语或问》正是这样定义“文学”：“文学者，学于《诗》《书》《礼》《乐》之文，而能言其意者也。”

当然，先秦的文献中已经出现了“文学”的引申义。因为研习《诗》《书》一类的经典，这样的学者被称为“文学之士”，如《韩非子·六反第四十六》所总结的：

畏死远难，降北之民也，而世尊之曰“贵生之士”。学道立方，离法之民也，而世尊之曰“文学之士”。

这些文学之士追寻《诗》《书》一类经典，多习礼义，因为文献中“文学”经常跟“礼义”“修身”一类连用，如：

《荀子·王制》：庶人之子孙也，积文学，正身行，能属于礼义，而归之卿相士大夫。

《荀子·性恶》：今之人，化师法、积文学、道礼义者为君子，纵性情、安恣睢、而违礼义者为小人。

《荀子·非相》：从者将论志意，比类文学邪？

也正因为研习《诗》《书》这些典籍，这些文学之士颇有道德使命感，如上述引文所说的“学道立方”，他们有一种道尊于势的气派，不免批评现实政治，或以言谈干禄，引发不良的示范效应，在法家看来是“离法”而“乱民”。

《墨子·天志中》：上将以度天下之王公大人之为刑政也，下将以量天下之万民为文学、出言谈也。

《墨子·非命中》：子墨子曰，凡出言谈、由文学之为道也，则不可而不先立义法。

《商君书·外内第二十二》：民之外事莫难于战，故轻法不可以使之。奚为轻法？其赏少而威薄，淫道不塞之谓也。奚为淫道？为辩知者贵，游宦者任，文学私名显之谓也。三者不塞，则民不战而事失矣……故欲战其民者必以重法，赏则必多，威则必严，淫道必塞，为辩知者不贵，游宦者不任，文学私名不显。

《韩非子·外储说左上第三十二》：王登一日而见二中大夫，予之田宅，中牟之人弃其田耘、卖宅圃而随文学者，邑之半。

《韩非子·八说第四十七》：博习辩智如孔、墨，孔、墨不耕耨，则国何得焉？修孝寡欲如曾、史，曾、史不战攻，则国何利焉？匹夫有私便，人主有公利。不作而养足，不仕而名显，此私便也。息文学而明法度，塞私便而一功劳，此公利也。错法以道民也，而又贵文学，则民之所师法也疑；赏功以劝民也，而又尊行修，则民之产利也惰。夫贵文学以疑法，尊行修以贰功，索国之富强，不可得也。

《韩非子·五蠹第四十九》：儒以文乱法，侠以武犯禁，而人主兼礼之，此所以乱也。夫离法者罪，而诸先生以文学取。犯禁者诛，而群侠以私剑养。故法之所非，君之所取；吏之所诛，上之所养也……故行仁义者非所誉，誉之则害功；工文学者非所用，用之则乱法……然则为匹夫计者，莫如修行义而习文学。行义修则见信，见信则受事；文学习则为明师，为明师则显荣；此匹夫之美也。然则无功而受事，无爵而显荣，有政如此，则国必乱，主必危矣……富国以农，距敌恃卒，而贵文学之士；废敬上畏法之民，而养游侠私剑之属。举行如此，治强不可得也……今修文学、习言谈，则无耕之劳而有富之实，无战之危而有贵之尊，则人孰不为也……故明主之国，无书简之文，以法为教；无先王之语，以吏为师；无私剑之捍，以斩首为勇。是境内之民，其言谈者必轨于法……今则不然，士民纵恣于内，言谈者为势于外，外内称恶，以待强敌，不亦殆乎！

《韩非子·显学第五十》：世之显学，儒、墨也……藏书策、习谈论、聚徒役、服文学而议说，世主必从而礼之，曰："敬贤士，先王之道也。"夫吏之所税，耕者也；而上之所养，学士也。耕者则重税，学士则多赏，而索民之疾作而少言谈，不可得也。

《吕氏春秋·去宥》：一言而令威王不闻先王之术，文学之士不得进。

总之，早期"文学"与《论语》中孔门四科的"文学"保持了相当大的一致性，只是在儒家看来，"文学"具有正面价值，而其他诸子看来，不免带有负面价值。铃木贞美的结论，揆诸当时的文献是可信的，只不过，尚难从这些例句中确定当时儒家是否取得一定的地位，但引起其他诸子的批评确是事实。

二

铃木贞美所引汉代“文学”用例之一为《史记·秦始皇本纪》中的一句，颇值得与吕思勉的札记并观，一并摘录。《史记·秦始皇本纪》：

吾前收天下书不中用者尽去之，悉召文学方术士甚众，欲以兴太平，方士欲练以求奇药。

首先，这里显示了文学与方术的关系。池田四郎次郎《史记补注》云：“练与炼通，烹炼药物也。”韩兆琦《史记笺证》指出“方士欲练以求奇药”词语不顺，有曰“练”字应作“炼”者，而上下文意只言其“求”，未言其“炼”。“练以”二字疑衍。这个疑问其实是从上文“以兴太平”对比而来，而吕思勉在《吕思勉读史札记》第二六二《秦焚书上》写道，“‘欲以致太平’上，盖有夺文，此五字指文学言”。也即原文当作“文学欲以兴太平，方士欲以练求奇药”，形成对文。文学与方术相对，李零《丧家狗》也提出《论语》中的“文学”“不是今天的文学。文学是对方术而言。方术是古代的自然科学（也包括各种迷信），文学是古代的人文学术”。汉代的“文学”多与“武勇”相对，这里与“方术”相对，应该值得特别提醒。

其次，法家虽不满儒家的“文学”，但是秦始皇最初并未排斥。吕思勉《秦汉史》第五章《汉中叶事迹·儒术之兴》：

不特此也，秦始皇之怒侯生、卢生也，曰：“吾前收天下书不中用者尽去之。悉召文学方术士甚众，欲以兴太平，方士欲练以求奇药。”兴太平指文学士言。《叔孙通传》云：秦时以文学征，待诏博士。伏生亦故秦博士。（《儒林传》）然则始皇虽焚书，所用未尝无儒生。盖亦有意于改制度、兴教化之事矣。其任法为治，特因天下初定，欲以立威，使其在位岁久，自以晏然无复可虞，亦未必不能为汉武之所为也。

《吕思勉读史札记》第三六六《儒术之兴上》：

当秦、汉之世，欲求致治，势不能不图更化。秦人权使其士，虏使其民，内峻威刑，外勤战斗。《纪》载始皇之语曰：“吾前收天下书不中用者尽去之，悉召文学方术士，甚众，欲以兴太平，方士欲练以求奇药。”“欲以兴太平”上，盖有夺文。此五字指文学言。致太平责文学，练奇药资方士，皆始皇所谓在不中用之外者也。文学者，通知古今而不囿于当世法律辟禁之士。叔孙通以文学征，待诏博士；数岁，陈胜起，二世召博士诸儒生问，而通之对谀，赐帛二十疋，衣一袭，拜为博士。则当时博士，盖即文学之士为之……则所谓文学者，其学术亦可知矣。

最后，“文学”原为经籍之通称，这里似偏向儒家所尊奉的经籍，并引申至这样的学问也称为“文学”，做这样学问的人也称为“文学”，作为“文学之士”的省略。《吕思勉读史札记》第二六二《秦焚书上》：

《始皇本纪》载斯议，但言“《诗》《书》百家语”，而《斯传》曰：“臣请诸有文学《诗》《书》百家语者，蠲除去之。”文学盖与《诗》《书》百家语同为经籍之通称。古者文字用少，凡民盖多不通知。其略知之者，亦仅以供眼前记事达意之用。书之较古，或涵义较深者，即非其所能读，能从事于此者，则谓之文学之士，其学即谓之文学，其书因亦被文学之称，孔门四科中文学，即是物也。（后世各种学问，皆用文字，故文学不能成为一种学问之名。古代学问，用文字者少，不用文字者多，则即其用文字者而名之曰文学，亦势使然也。《易·系辞传》曰：“上古结绳而治，后世圣人易之以书契，百官以治，万民以察。”《九家易注》曰：“百官以书治职，万民以契明其事。”案此释书契二字最确；狱吏仅知当世之法律禁辟，则以书治职之类也。项羽曰：“书足以记名姓而已。”此犹今略识文字之人，仅能记账、作书函、写券契，则以契明事之类也；文字通常之用，不过如此。用以载道、记大事、前人以之垂后，后人以之识古，本非人人所能，今日犹然，况古昔乎？《论语》：“子曰：‘行有余力，则以学文。’”所学者即以供通常之用，非游夏所通之文学也。)

然则所谓文学士者，即通知古今，而不仅囿于当世法律辟禁之人矣。《纪》又载始皇之语曰：“吾前收天下书不中用者，尽去之。悉召文学方术士甚众，欲以兴太平。方士欲练以求奇药。”“欲以致太平”上，盖有夺文，此五字指文学言。焚其书而用其人者，特采取其谋议，用舍之权在我，若听其私相传授，则学者多，而非上之所建立者众，主势降乎上，党与成乎下矣，此始皇、李斯之所深恶也，而恶得听之？故若有欲学法令之“法令”二字，是否史公原文不可知，而其无背于当日焚书之意，则可断也。

三

铃木贞美举例较少，没有完全展示“文学”一词在汉代的演变。因为“文学”在西汉已成为选举的名目之一。南宋徐天麟《西汉会要》卷四十四《选举》有“贤良方正”条目，而无“文学”条目，但所录材料往往“贤良”“文学”并称，大概以为贤良与文学实为一科。姚鼐《惜抱轩笔记》卷七论《盐铁论》时也说：“《汉书·晁错传》：‘诏有司举贤良文学士。’是贤良文学士乃一途也。及《昭帝纪》乃分言‘太常、三辅举贤良，郡国举文学’，而《盐铁论》其称说尤各为类，是真若二途之不可混矣。吾以为汉所举皆贤良而已，自武帝未兴学校之先，文学与贤良皆虚名无位，言士之有是名者，则可举耳。至武帝兴学之后，郡国县有文学士，则上其人，属所二千石，于是郡国专有文学之目，抑或限有员位矣。昭帝盖令郡国之举贤良，则取于文学之中，非是不举；而太常、三辅所举，则无定限，犹文帝以来旧制。要之，所举皆当谓贤良文学士，而当时流俗乃别呼之，实非有二途也。”此非确解。《汉书补注·昭帝纪第七》王先谦补注引苏舆曰：“据此及《盐铁论》所列，贤良、文学判然二途。或据《鼂错传》以为一科者，非也。文帝时立此名，武帝兴学之后，始定员数，至此复申旧制。”下面先列出相关材料，以示“文学”入选举名目的过程。

秦代“重禁文学，不得挟书，弃捐礼谊而恶闻之”（《汉书·董仲舒传》），正如路温舒《尚德缓刑书》所说的：“秦之时，羞文学，好武勇，贱仁义之士，贵治狱之吏。”汉承秦制，高祖刘邦“不修文学”、周勃“不好文学”、灌夫“不好文学，喜任侠”，这里的“修文学”即是后世所谓“治经”，“文学”渐渐产生与“武勇”相对的意思，大致可见秦汉之际对于“文学”的态度。

汉兴以来，对于学术文化开始稍加重视，秦所焚灭的典籍又开始流行，所以《汉书·司马迁传》："叔孙通定礼仪，则文学彬彬稍进，《诗》《书》往往间出。""文学"又开始多指儒家学问、典籍以及习儒之人。王利器《盐铁论校注·前言》中说："自从有了文学——即后世之所谓儒家，这样的之人、之书、之术以后，如《史记·汲郑列传》《儒林列传》之所谓'文学儒者'，即指其人；如《史记·李斯列传》《儒林列传》《汉书·司马迁传》之所谓'文学经书'，即指其书；如《汉书·宣帝纪》《张安世传》《匡衡传》之所谓'文学经术'，即指其术：都在其人、其书、其术之上，贴上'文学'的标签。因之，颜师古在《汉书·西域传下》解释'为文学'道：'为文学，谓学经书之人。'"

"文学"一词演变的关键在武帝时期，《史记·孝武本纪》："上乡儒术，招贤良，赵绾、王臧等以文学为公卿……会窦太后治黄老言，不好儒术。"两派的斗争是"文学"词义演变的背景，"及窦太后崩，武安君田蚡为丞相，黜黄老、刑名百家之言，延文学儒者以百数"（《汉书·儒林传》），这是一个方面。"其明年（元狩元年），淮南、衡山、江都王谋反迹见，而公卿寻端治之，竟其党与，坐而死者数万人，吏益惨急而法令察。当是时，招尊方正贤良文学之士，或至公卿大夫"（《汉书·食货志下》），这是第二个方面。这两个原因，促使武帝开始重视文学之士，使之最后成为选举的名目。

《汉书·郊祀志上》：

武帝初即位，尤敬鬼神之祀。汉兴已六十余岁矣，天下艾安，缙绅之属皆望天子封禅改正度也，而上乡儒术，招贤良。赵绾、王臧等以文学为公卿，欲议古立明堂城南，以朝诸侯，草巡狩封禅改历服色事未就。窦太后不好儒术，使人微伺赵绾等奸利事，按绾、臧，绾、臧自杀，诸所兴皆废。六年，窦太后崩。其明年，征文学之士。

《汉书》诸多篇章提到贤良文学之士的选举之目，如《汉书·董仲舒传》：“武帝即位，举贤良文学之士前后百数，而仲舒以贤良对策焉。”但此时并没有形成长期制度，还是属于临时性质。从词义上看，这个“贤良文学”的名目还是从“文学之士”发展而来的，这些“文学”应该属于儒者一派。至汉昭帝时期，才形成常设制度。

《汉书·昭帝纪》：

朕以眇身获保宗庙，战战栗栗，夙兴夜寐，修古帝王之事，通保傅，传《孝经》《论语》《尚书》，未云有明。其令三辅、太常举贤良各二人，郡国文学高第各一人。赐中二千石以下至吏民爵各有差。

又：

六年……二月，诏有司问郡国所举贤良文学民所疾苦。议罢盐铁榷酤。

《汉书·宣帝纪》：

本始元年……夏四月……诏内郡国举文学高第各一人。

又：

赞曰：孝宣之治，信赏必罚，综核名实，政事文学法理之士咸精其能。

《汉书·儒林传》：

昭帝时举贤良文学，增博士弟子员满百人，宣帝末增倍之。元帝好儒，能通一经者皆复。数年，以用度不足，更为设员千人，郡国置五经百石卒史。成帝末，或言孔子布衣养徒三千人，今天子太学弟子少，于是增弟子员三千人。岁余，复如故。平帝时王莽秉政，增元士之子得受业如弟子，勿以为员，岁课甲科四十人为郎中，乙科二十人为太子舍人，丙科四十人补文学掌故云。

中央有文学之目，郡国同样也有文学之目，列传中多有记载。至于昭帝以后，“文学”从临时转为定员，从此后在中国历史上经常出现，《文献通考·职官考十四》：“文学，汉时郡及王国并有文学，而东宫无闻。魏武置太子文学，自后并无。至后周建德三年，置太子文学十人，后省。龙朔三年，置太子文学四员，属桂坊，桂坊废而属司经。开元中，定制为三员。掌侍奉，分掌四部书，判书坊事。”又《文献通考·职官考十六·总论州佐》：“汉魏之际，复增祭酒、文学从事员。”又《文献通考·职官考十七》：“汉郡国有文学。文翁治蜀，起学成都市，招下县子弟以为学官弟子。武帝时，天下郡国皆立学校官，自文翁为之始云……魏晋以下，郡国并有文学，即博士、助教之任。”这些材料，足以说明“文学”一词的泛化过程。

四

铃木贞美《日本の“文学”を考える》第四章论证今天中日两国所谓的“文学”概念实为西欧十九世纪的概念，《日本の“文学”概念》第二章还追溯了literature一词在西方的历史。不过，铃木主要侧重词汇史，而不是用概念史来展示literature的演变。书中引雷蒙·威廉斯和勒内·韦勒克两人的论述为主，而我认为应该先为现代意义上的literature划出一个大致的界限，然后才能进一步细加描绘。那么这个界限应该怎么划分呢？以赛亚·伯林《浪漫主义的根源》（第9—11页）

中就曾指出：

> 浪漫主义的重要性在于它是近代史上规模最大的一场运动，改变了西方世界的生活和思想。对我而言，它是发生在西方意识领域里最伟大的一次转折。发生在十九、二十世纪历史进程中的其他转折都不及浪漫主义重要，而且它们都受到浪漫主义深刻的影响。

不仅是思想史，就连其他有关意识、观念、行为、道德、政治、美学方面的历史，在很大程度上也是一种主导模式的历史。任何时候观察一种独特文明，你都会发现这种文明最有特色的写作以及其他文化产品都反映出一种独特的生活方式，而这种生活方式支配着写出这些东西的作家、画出这些东西的画家、谱出这些音乐的作曲家。因此，为了确定一种文化特征，为了阐明该文化的种属，为了理解人存身其间思考、感受、行动的世界，很重要的一点是，要尽可能地分离出这种文化所遵从的主导模式。以古典时代的希腊哲学或希腊文学为例。如果你阅读，比如说，柏拉图的哲学，你会发现支配他的是一种几何或数学模式，很明显，他的线性思维原则基于如下的观念——即存在某些不言自明的真理，不可动摇、不可摧毁的真理，由此，人们可能通过严密的逻辑推导得出某种绝对正确的结论；人们可能通过柏拉图所推崇的这种方法获得绝对的智慧；世界上存在一种可以获取的绝对知识，只有我们能够获取这种绝对的知识。几何学，或者说广义的数学，堪称这种绝对知识的范式，最完美的范式。根据这种绝对的知识、根据这些真理，人们可以一劳永逸地，恒定不变地，无须更改地组织我们的生活；一切苦难、怀疑、无知，人类的各种罪恶、愚蠢都将从地球上消失。

以赛亚·伯林说的“模式”，相当于余英时所说的间架，只有这样整体性的变化，才能带来“文学”概念的根本性改变。事实上，整个古典时期直到十八、十九世纪之交的浪漫主义时代，“诗艺”（poetry）才是普遍使用的术语。而“文学”的含义与今天的所指相去甚远，彼得·威德森《现代西方文学观念简史》（北京大学出版社，2006，第31页）曾描述了literature的词源：

英语中“文学”这个词的来源，不论是直接地还是间接地经由同源的法语littérature，都来源于拉丁文的litteratura，而这个词的词根是littra，意思是“一个字（或一个字母）”。因此，不论是拉丁文的这个词，还是它衍生的欧洲语言（例如西班牙语、意大利语、日耳曼语都直接来源于此），都具有普遍相同的意义：“字”，意思就是我们现在所说的“读书”，就是对于书本的熟悉与了解。说某某人是“识字的人”，就是说他读的书多；也许就像《牛津英语词典》第一层定义所说的："有教养或合乎人道的学问"；也许是说那种掌握了文学文化的人，这就是说这种文化要靠读书才能获得……在这一层意义上使用这个词一直延续到18世纪的中期和晚期。

又据雷蒙·威廉斯《关键词：文化与社会的词汇》（刘建基译，生活·读书·新知三联书店，2016，第314页）：

Literature从14世纪起出现在英文里，其意为"通过阅读所得到的高雅知识"。最接近的词源为法文litérature[littérature]、拉丁文litteratura，词义大致相同。可追溯的最早词源为拉丁文littera——意指letter（字母）。因此，a man of literature或a man of letters是指我们现在所称的"博学的人"。1581年文献上记载："他没有足够的学识（sufficient literature）来了解圣经。""对于所有关于神与人的知识，相当渊博（learned in all literature and erudition, divine and humane）"（培根，1605）……在约翰逊写《弥尔顿的一生》（*Life of Milton*）时，早期用法仍然很普遍："他也许有更广泛的知识（literature），因为他的儿子在一首复杂的拉丁诗里与他对话。"（1780）

勒内·韦勒克《比较文学的名称与实质》（载《辨异》，上海人民出版社，2015，第10页）也指出：

在早期的英文中，“文学”的含义是“学问”（learning）和“文化的素养和知识”（literary culture），特别是关于拉丁文的知识。《闲谈者》1710年颇有远见地评述道：“要靠学到的古典语言掩饰愚蠢是无益的，文学只能是使一个自然造就的人更显著地露出他的本来面目。”鲍斯韦尔（James Boswell）说过，巴莱蒂语（Baretti）就是一种“相当有学识（Literature）的意大利语”。文学的这种含义一直延用到19世纪。

由此大致可以看出，浪漫主义运动以前，literature这个词或许因具体语境的变化而带来不同的所指，但大体上还是属于拉丁文litteratura一词的变迁。英国学者伊格尔顿（Terry Eagleton）曾指出判断什么是文学的标准完全取决于意识形态，文学这一概念之“浸透价值判断”基本上是不言而喻的，所以伊格尔顿在《二十世纪西方文学理论》第一章《英国文学的兴起》中提出：

我们自己的文学定义是与我们如今所谓的“浪漫主义时代”一道开始发展的。“文学”Literature一词的现代意义直到19世纪才真正出现。这种意义上的文学是晚近的历史现象：它是大约18世纪末的发明，因此乔叟甚至蒲伯都一定还会觉得它极其陌生。首先发生的情况是文学范畴的狭窄化，它被缩小到所谓“创造性”或“想象性”作品之上。18世纪最后几十年中出现了对各种话语的重新区别和重新界定，亦即，对于那个也许可以被叫做英国社会的“话语形成”的东西的彻底改组……到了浪漫主义时代，文学实际上已经是在变成“想象性”的同义词：写那些不存在者似乎比描述伯明翰或记录血液循环更激动人心也更有价值。“想象性”（imaginative）一词在意义上的暧昧就暗示着上述态度：它既带有“假想的”（imaginary）这个描述性的词的泛音，意为“字面上不真实的”，但当然也是一个评价性的词，意为“富有远见的”（visionary）或“善于创新的”（inventive）。

乔纳森·卡勒（Jonathan Culler）《文学理论》（李平译，辽宁教育出版社，1998，第21—22页）对这个时间界限有更为具体的描述：

如今我们称之为literature（著述）的是二十五个世纪以来人们撰写的著作。而literature的现代含义：文学，才不过二百年。1800年之前，literature这个词和它在其他欧洲语言中相似的词指的是“著作”，或“书本知识”。即使在今天，当一个科学家说“关于进化论的著作（literature）浩如烟海”时，他不是讲关于进化论有许多诗歌或小说，而是说在这方面已经有许多著作。而如今，在普通学校和大学的英语或拉丁语课程中，被作为文学研读的作品过去并不是一种专门的类型，而是被作为运用语言和修辞的经典学习的。它们是一个更大范畴里的作品和思想的实际范例，包括演讲、布道、历史和哲学。不要求学生们去解释这些范例，像我们现在解释文学作品一样去找出它们“到底是关于什么的”。相反，学生要能背出这些范例，要研究它们的语法，要能够辨别它们所运用的修辞手段和论证的结构，或者过程。比如维吉尔（Virgil）的作品。《埃涅阿斯纪》（Aeneid），如今我们把它作为文学来研究。而在1850年之前的学校里，对它的处理则截然不同。

现代西方关于文学是富于想像的作品这个理解可以追溯到18世纪末德国浪漫主义理论家那里。如果我们想得到一个确切的出处，那就可以追溯到1800年，一位法国的斯达尔夫人（Madam de Stael）发表的《论文学与社会建制的关系》（*On Literature Considered in its Relations With Social Institutions*）。

两位学者都把浪漫主义运动视为“文学”概念的重要界限，是很有道理的。变化的关键时间节点是十八世纪，或者更具体地说就是上文提到的浪漫主义，勒内·韦勒克《比较文学的名称与实质》（载《辨异》，上海人民出版社，2015，第11页）说：

“文学”作为现今的含义之一，表示所有的文学作品，是在18世纪民族化了的，随即被运用到法国、德国、意大利和威尼斯文学中，与此同时，它也就失去原先广泛的含义，变成狭义的，我们今天所谓的“想象文学”（imaginative literature），也就是诗歌和想象的，虚构的散文。能够说明这两方面变化的第一本书据我们知是丹尼那的《论文学的演变》（Carlo Dènina，*Discorso sopra le vicende della letteratura*，1760）。丹尼那声称不打算“谈科学和艺术的进步，因为二者不是文学的一部分”，他要谈的只是那些“具有高级趣味、富有雄辩力的作品，也就是说，他要谈的是文学”。该书法译本的译者序谈到了意大利、英国、希腊和拉丁文学。1774年，住在莱亨的纳维科夫（Nikolay Novikov）写了一本《论俄国文学》（*Essai sur la littérature russe*）的书；在福斯卡里尼的《威尼斯文学中的故事》（Mario Foscarini，*Storia della letteratura veneziana*，1752）里我们发现了文学的这一意义。如果可以用“民族化”这一术语的话，那么杰奥尔吉—贝尔托拉的《德国文学中的思想》（A.de Giorgi-Bertòla，*Idea della letteratura alemanna*，1784）十分精彩地反映了文学民族化和文学美学化的全部过程。这本书是他原来的《德国诗歌中的思想》（*Idea della poesia alemanna*，1779）的扩展，由于后来加了论德国小说的篇章，因此只好把标题改了。在德文中，“民族文学”（Nationalliteratur）这个术语的含义集中在民族上，它以民族为文学的整体，第一次被莱昂哈德·迈斯特（Leonhard

Meister）用在《德国语言和民族文学史论文集》（*Beyträge zur Geschichte der teutschen Sprache und Nationalliteratur*，1777）的标题中，以后一直沿用到19世纪。

“文学”民族化这个问题，雷蒙·威廉斯《关键词：文化与社会的词汇》（刘建基译，生活·读书·新知三联书店，2016，第317—318页）也有论述：

> English literature（英国文学）这个现在普遍通用的语汇，其本身就是重要的词义演变的一部分。*Nationallitteratur[Nationalliteratur]*（国家文学）的概念从18世纪70年代开始在德国发展出来，文献记载如下：*Über die neuere deutsche Literatur*（《较新的德国文学》，赫尔德，1767。引者按：一般译作《关于近代德国文学的片断》）；*Les Siècles de littérature français*（《属于法国文学的世纪》，1772。引者按：一般译作《三个世纪的法国文学史》）；*Storia della letteratura italiana*（《意大利文学史》，1772）。English literature这个词似乎是根据这个脉络而来，虽然其在约翰逊的作品中被隐约提及。“一个国家”拥有“一种文学”，这种意涵标示出一个重要的社会、文化发展，也许也标示出一个重要的政治发展……

很明显，literature（文学）、*art*（艺术）、*aesthetic*（美

学的）、*creative*（具创意的）与*imaginative*（具想象力的）所交织的现代复杂意涵，标示出社会、文化史的一项重大变化。Literature的词义在中世纪末期与文艺复兴时期，跟“阅读技巧”“书籍特质”等意涵分离开来，这一点可以从印刷术的发展获得充分的证明。除了“学问、知识（*learning*）”这个意涵仍然内涵于literature的词义里，文法与修辞的技巧也包括在literature的词义里。随着印刷术的普及，*writing*（作品）与*books*（书籍）实际上已变成同义词，因此*drama*（戏剧）的词义后来变得格外令人困惑，它指的是一种口头的作品（writing for speech）——然而，莎士比亚的作品很明显是属于literature——因为它具有文本（*text*）可以证实。后来literature的意涵被归类于“具有想象力的作品”（*imaginative writing*），而这些作品符合了浪漫主义的基本精神。

通过这些学者的研究，我们大概可以断定浪漫主义是现代概念史上的一个重要分界线，它与科塞雷克所说的“鞍型期”有相近的功能，虽然对于具体的时间节点仍可以进一步讨论，因为欧洲各国概念史的发展并不是完全同步，而且表现在literature这个词汇上的时候，又因为各自的词汇史惯性而有不同的时间，但总体上看，与浪漫主义有着密切的关联。其次还应该注意现代意义上的“文学”，除了审美化以外，还具有民族化的意味，尤其是“国别文学”是现代“文学”概念的隐含内容。铃木贞美没有注意到浪漫主义“模式”下的“文学”或“作品”的新变，这种变化本身才是概念史应该发掘的，至于“文学”具体特征乃受各家的影响而有不同的表现，正如余英时“丸之走盘”的妙喻，不同时代不同地区的“文学”定义犹如“丸”，而浪漫主义或鞍型期才是那个“盘”，而概念史研究若不能展示这个“盘”，孜孜以求在具体的定义上，其实无法确定“文学”的现代意涵。

五

铃木贞美《日本の“文学”概念》和《“日本文学”の成立》都提到literature和“文学”对译成立的历史。就中国学界而言，还应该考察这两个词对译成立的史前史，因为literature和文学对译成立之前，在汉语文献中还有与其他词互译的历史，而且这些译例往往和来华传教士相关。这里先说明“文学”与rethorica（修辞）曾经对译的情况。

这里先谈艾儒略的几本书。艾儒略，意大利人，生于1582年，卒于1649年。1609年受耶稣会派遣至远东，1610年抵达澳门，1613年进入北京。艾儒略所著《西学凡》（1623）、《职方外纪》（1623）、《西方答问》（1637）等都提到了西方的教育情况，用到了“文学”“文科”等词，首先看《职方外纪》中这样一段：

欧逻巴诸国皆尚文学。国王广设学校，一国一郡有大学、中学，一邑一乡有小学。小学选学行之士为师，中学、大学又选学行最优之士为师，生徒多者至数万人。其小学曰文科，有四种：一古贤名训，一各国史书，一各种诗文，一文章议论。学者自七八岁学，至十七八学成，而本学之师儒试之。优者进于中学，曰理科，有三家。初年学落日加，译言辩是非之法；二年学费西加，译言察性理之道；三年学默达费西加，译言察性理。以上之学总名斐录所费亚。学成，而本学师儒又试之。优者进于大学，乃分为四科，而听人自择，一曰医科，主疗病疾；一曰治科，主习政事；一曰教科，主守教法；一曰道科，主兴教化。

“欧逻巴诸国皆尚文学”中的这个“文学”，还是应该理解成中国传统意义上的“文学”——即孔门四科而来的、今天意指学问。这里并没有给出相应的外语词汇，只能从上下文的语意来考察，主题讲欧洲重视学问，所以下文紧接着讲广设学校及学科的情形。当然，这里的“文学”也有可能指“教育”，逻辑上也是可通的，不过，艾儒略完成此书，应该得到了杨廷筠等人的相助，比如同一年刊行的《西学凡》前有一篇杨廷筠的《刻西学凡序》，序中说：“艾子述以华言，友人熊子士旂、袁子升闻、许子胥臣为授梓，以广异闻。”可以想见《职方外纪》和《西学凡》在文字上应该都受到杨廷筠等一批华人学者的润色，所以如果这里因为下文讲学校而将“文学”理解成教育的话，在用词上则应该用“教化”“文教”等词，而不应该是“文学”这个有悠久传统的中国古典词。另外，《西学凡》另有何乔远的《西学凡序》，其中提到：“先生又为余言：我欧逻巴人人敬学，民大和会。”敬学之学，其实就是学问。总之，《职方外纪》中的这一处“文学”仍是中国古典词汇，并不是外来的新词，更不是literature的译词。

事实上，这里所述的欧洲学校和学科的情况，《西学凡》描述得更为详细。《西学凡》是较早介绍西方教育体系的著作，也是较早介绍西方学术分科知识的著作，所介绍的学制及学科分类，应该是以1599年颁布的*Ratio atque Institutio Studiorum Societatis Iesu*为基础的十七世纪初的西方教育和学科概要。为了避免断章取义，这里特意引文相对全一些，以便对比：

极西诸国，总名欧逻巴者，隔于中华九万里。文字语言，经传书集，自有本国圣贤所纪，其科目考取，虽国各有法，小异大同，要之尽于六科：一为文科，谓之勒铎理加。一谓理科，谓之斐录所费亚。一为医科，谓之默第济纳。一为法科，谓之勒义斯。一为教科，谓之加诺搦斯。一为道科，谓之陡禄日亚。惟武不另设科，小者取之材官智勇，大者取之世胄贤豪。

文科云何？盖语言止可觌面相接，而文字则包古今、接圣贤、通意胎于远方，遗心产于后世，故必先以文辟诸学之大路。其文艺之学大都归于四种：一古贤名训，一各国史书，一各种诗文，一自撰文章议论，又附有交接进退之规，有拊奏之乐，有合节之舞，有书数之奥，赞经之咏。此诸学各有一公堂习之。自幼习文学者，先于一堂试其文笔，后于公所试其议论。其议论之法，大约必由五端：一先观物、观事、观人、观时势而习，觅道理以相质，所谓种种议论之资料是也。二贵乎先后布置，有序而不紊。三以古语撷华润色。四将所成议论，娴习成诵，默识心胸。其人灵悟善记，则有温养之法；其人善忘难记，则有习记之法；终至公所主试者之前诵说之，或登高座，与诸智者辩论焉。盖议论本欲破人之疑而发其志，以善处其事。不能通人之心，感人之情，无益也。故言语之轻重疾徐，以至容貌顾盼，举手瞬目，皆有其法，俾听之者爱恶悲喜，言下即触，不徒浮言散于空中而已。五者之中，又以实理为主，以致于用，决可见诸行事。或衿绅偶有大事难决者，或民习于陋业、沉于邪俗者，或当诵说圣贤之功德，或当讥弹不肖之恶行，或防国家之灾而杜将来之乱者，皆须有识能文之士，立论匡扶，众前剖析，使其事理调畅，群疑尽释，枉者伸，诈者服，凶顽者罪，及以修道设教，使弱者见易而立志，狂者见难而加谨也。文学已成，即考取之，便进于理学。

上面引文开头“文字语言，经传书集，自有本国圣贤所纪”云云，即与《职方外纪》中的“文学”保持了一定的关联性，也从侧面证明了应该将《职方外纪》中的“文学”一词理解成“学问”。艾儒略《西方答问·西学》也提及西方学科分类的内容：“至如经典书籍，最上则天主之经，其次则历代圣贤所著述者，而格物穷理诸种与夫文集诗史又次之。考取之法，总有六科，一考文，与中华文章科第相似。文章既优，又进穷理之学，穷究天地间事物实理。既习数年，则公堂面试，验其精者而取中焉。二学既进，又分四学，为医学，为法学，为教学，为道学。随人择其一二而专习之。为医者，既进文科，复读医书，听名医讲解，必经考选，乃敢行医。”《职方外纪》中的“小学”“文科”，即《西学凡》中“文科”“勒铎理加”“文艺之学”，也即《西方答问·西学》中的“考文”。勒铎理加，即rethorica，今天译作修辞，我在日本早稻田大学图书馆下载过一册电子版的《西学凡》，有读者在“勒铎理加”旁加了レドリカ四个假名，更说明了“文科”＝“考文”＝rethorica。同样，这里提到的理科即philosophia（哲学），医科的“默第济纳”即medicina，法科的“勒义斯”即leges，教科的“加诺搦斯”即canones，指教会法典会，道科的“陡禄日亚”即theologia，今译神学。

其次，前面所引《西学凡》引文的最后一句“文学已成，即考取之，便进于理学”的“文学”即同一段落中的“文科”，即是《职方外纪》所言小学的“文科”，即是《西方答问·西学》所言的“考文”，也就是rethorica一词。

“文学”这个新用法被保护艾儒略、襄助艾儒略刊布著作的华人学者杨廷筠（1557—1627）《代疑续篇·引驳》（1635）所延续了。

杨廷筠《代疑续篇》卷上《引驳》论及西教之学时提到“文学”：

西教不然，其学有次第，其入有浅深，最初有文学，次有穷理之学，名费琭所斐亚，其书不知几千百种也。学之数年，成矣。又进而为达天之学，名曰陡琭日亚，其书又不知几千百种也……

显然，杨廷筠所论“西教”，就是源自艾儒略的西方知识。《代疑续篇》同样介绍了从小学到中学再到大学分科的内容，只不过，《西方答问》《职方外纪》《西学凡》中的“文科”在这里成了“文学”。

总之，艾儒略《西学凡》和杨廷筠《代疑续篇》中出现的“文学”是指rethorica，今译为“修辞”，是当时教育体系及学科体系中的一环。

马西尼《现代汉语词汇的形成——十九世纪汉语外来词研究》附录二《十九世纪文献中的新词词表》列出“文学”一词，援引的语料是艾儒略1623年的《职方外纪》，马西尼认为艾儒略以现代意义literature使用过此词，并认为其与1838年裨治文、1844年《海国图志》、1866年张德彝等，都是同一脉络，也即早在1623年“文学”已经与literature对译成立了。刘禾在《跨语际实践》第一章第105条注释中认为马西尼犯了年代颠倒的错误，因为十七世纪，literature或意大利语的任何一个对应词，都比启蒙运动之后我们所指的literature一词的语义范畴覆盖范围更广，但在此书附录A《源自早期传教士汉语文本的新词及其流传途径》中仍认为“文学”和literature的“等同过程可回溯到十七世纪耶稣会的译法（艾儒略，1623）。这一复合词后来被十九世纪的新教传教士用以翻译现代英文词‘literature’，并经由日语bungaku的双程流传而播扬甚广”。黄河清《近现代辞源》“文学”（用语言文字形象化地反映客观现实的艺术，即现代意义上的用法）条沿用马西尼的观点，也认为1623年艾儒略《职方外纪》、1634年《远西奇器图说》为近代“文学”新词的词源。另有李奭学《中国“文学”的现代性与明末耶稣会的文学翻译》（载《明清西学六论》，浙江大学出版社，2016）一文：

艾儒略（Giulio Aleni，1582—1649）的《西学凡》（1623），其中我们已可见“文艺之学”一词，接近中国古人所称的“诗赋词章”或今人所了解的“文学”的内涵。“文艺”二字渊源所自，应该是《文心雕龙》，指“文学创作”而言。但艾儒略从欧人角度设想，归之于四种书写：一、“古贤名训”；二、“各国史书”；三、“各种诗文”；四、“自撰文章议论”。1623年稍后，艾儒略另又刊行了《职方外纪》一书，将上述“文艺之学”易名为“文科”，而十二年后，杨廷筠在其护教之作《代疑续编》上写下来的“文学”二字，内容正是《职方外纪》所指的“文科”，更是《西学凡》中的“文艺之学”……至少到了明末，杨廷筠已率先发难，提出了我们今天所了解的“文学”的内涵，而“中国文学现代性的起源语境”，因此就不应由清末谈起，明末耶稣会及相关的中国士人圈子，才是我们正本清源的所在。

我认为这完全是误解误读。其实李奭学精通中学西学，对明清传教士文献又极为精熟，擅长中西比较研究，好多论述都是极令人佩服的。只是心中横亘着将“文学”概念史上推的念头，就容易误解文献。

六

上面以艾儒略的几种著作为中心，介绍当时“文学”与literature对译的情况，其实“文学”还曾与philosophy对译。那就是高一志（1566—1640）《童幼教育》中的用例。

高一志（Alfonso Vagnoni），字则圣，意大利耶稣会传教士。初到中国时曾取名王丰肃，字一元，又字泰稳。丰肃是其圣名Alphonsus的简译，“王”大约是本名Vagnoni的音译。高一志1566年出生于意大利都灵附近，1584年入耶稣会初学院，1605年至南京，习中国语言文字，南京教案后被逐出境，1624年重返中国，至山西传教，并改名为高一志，1640年卒于山西绛州。著有《教要解略》（1626）、《圣母行实》（1631）、《斐录汇答》（约1624—1640年间）等18种汉文书。

关于高一志《童幼教育》，据书前韩霖的序言：“西儒高则圣先生居东雍八年，所著天学之书以十数，其厄弟加之学，译言修齐治平者，为斐禄所费亚之第五支，童幼教育又齐家中之一支也。”高一志1624年到达山西，因此可以断定此书大约完成于八年后的1632年。其主题属于厄弟加之学的一支，厄第加又属于斐禄所费亚之第五支。这里说的厄弟加即ethica，今译伦理学，韩霖谓之修齐治平之学，斐禄所费亚即philosophia，今译哲学。据《西学凡》对理学（英语

philosophy）学习的描述，第一年学落日加（logica），即逻辑学；第二年学费西加（physica），即今天的物理学或自然哲学；第三年学默达费西加（metaphysica），即形而上学；第四年学马得马第加（mathematica），即数学；第五年学厄第加（ethica），即伦理学。从这个意义上看，韩霖所谓厄第加为斐禄所费亚之第五支，而高一志这部《童幼教育》则是厄第加即伦理学的分支。

《童幼教育》中第三篇《文学》中有这样一段话：

古西名王有子曰历山，传以亚里斯多，命之曰："尔师大贤，幸甚，勿懈于学，吾昔未成学而听政，几不胜任，兹尔当国重统，以吾为戒可也。"世子受王命，侍贤师数载，无书不读，无物不格，无理不究，竟得成其学，未过三旬，而以美治君数大邦矣。盖图治国安邦，道莫径莫善于文学也。故罢辣多尝云："国家之幸，莫大乎使持政者务于文学，或务于文学者持国政也。"

这里举了亚里士多德和柏拉图的例子，其中后半段的"罢辣多"，应该就是柏拉图，这句话在郭斌和译本《理想国》473D中译作：

除非哲学家成为我们这些国家的国王，或者我们目前称之为国王和统治者的那些人物，能严肃认真地追求智慧，使政治权力与聪明才智合而为一。

而徐学庸译《理想国篇译注与诠释》同一段落译作：

除非，我说，哲学家是城邦中的国王或现在被称为国王与统治者之人真正及适切地成为哲学家，且这两者合一，政治权力与哲学。

很显然，高一志这些引文中的“文学”，即是“哲学”之意。不过，也应该指出，高一志《童幼教育》中的“文学”一词，并没有与今天的“哲学”对译固定下来，在“西学”篇中，“文学”又相当于艾儒略的“文科”，即修辞之学。而“哲学”即音译为“费罗所非亚”，意译为“格物穷理之道”。

“西学”篇中有自注，“此稿脱于十七年前，未及灾木。同志见而不迂，业已略加减刻行矣”，则可知此篇完成于1615年，时间比艾儒略《西学凡》《职方外纪》还要早，可以说是最早介绍西方学科及学制的文献了。“西学”篇中将学制分为两大阶段：

文学毕，则众学者分于三家。

“文学”分为五，“先究事物人时之势，而思其所当言之道理……次贵乎先后布置有序……次以古语美言润饰之，次以所成议论，娴习成诵，默识心胸，终至于公堂，或诸智者之前辨诵之”，这就是艾儒略《西学凡》中的“文科”。“文学”之后分为三家，即法律之学，或医学，或格物穷理之学。法律、医学两者不烦言，而格物穷理之学，高一志也有详细说明：

其三家，费罗所非亚也。费罗所非亚者，译言格物穷理之道也。名号最尊，学者之慧明者，文学既成，即立志向此焉。此道又分为五家，一曰落热加，一曰非西加，一曰玛得玛第加，一曰默大非西加，一曰厄第加。

这就是艾儒略《西学凡》中的“理科”，很明显“理科”即哲学，高一志用的音译加意译的方法来说明，而译名颇有归化之意，借用宋明理学的术语来译“哲学”。总之，《西学第五》中的“文学”与《文学第三》中的“文学”所指并不相同，《西学第五》中的“文学”与艾儒略《西学凡》等书中的“文科”即修辞学相同，而《文学第三》中的“文学”则是指哲学。反过来说，西方的哲学概念，在高一志著作中，并没有固定的译法。

七

“文学”两个汉字除了译成rethorica和philosophy外，还有更为常见的新用法，即某学，如理学、医学那样的组词方式，而文学就是文字之学。美国人高丕第、中国人张儒珍合编的《文学书官话》（1869，静嘉堂藏书）对“文学书”的定义为“文学书是论话字的用法”，“文学”则是文字语言之学。这种用法也为中国人所接受，如王韬《弢园文录外编》卷一《原学》中的一个用例也可归为此用法：

即以文学言之，仓颉造字，前于唐、虞，其时欧洲草昧犹未开也。即其所称声名文物之邦，如犹太，如希腊，如埃及，如巴比伦，如罗马，所造之字至今尚存，文学之士必以此为阶梯，所谓腊丁文、希利尼文也。然中国之字，六书之义咸备，西国之字仅得其一偏，谐声之外，惟象形而已。埃及字体散漫，其殆古所称云书而云名者欤?

这段文字中出现了两次“文学”，段首的“文学”即文字之学，而段中的“文学之士”则又是传统用法 。朱希祖1906年在日本所作日记中，仍有用此词义：

中国无文典教科书，而又无字典如泰西、日本之以九品词分类，且无字音教科书如英文之司配林者，又无各种专门学词典，此中国读书通文之所以难而读书人之所以少也。今苟有人出全力以成此四种书以振兴文学，亦一兴国之大业也。

从词语的脉络来看，这里的“文学”统领“文典、字典、字音、词典”四者，即是“语言文字之学”之意。但这个义项常引人疑惑，《黄遵宪全集·日本国志》卷三十三《学术志二》将底本原题“文学”改为“文字”，编校者认为：“原作‘文学’，但内容均系文字。据《日本国志·目录》及下‘外史氏曰’改。”这种“理校”看似有理，恐怕是以今律古了，岂不见刘师培《中国文学教科书》实乃“小学”纲要，全书论述字形、字音、字义，但未见有人欲将其改为“文字教科书”，况且黄遵宪《日本国志》成书于1887年，远早于刘师培出版《中国文学教科书》的1906年，黄遵宪所用“文学”恐怕不是今天的义项。校勘宜以版本为据。

“文学”与 education 的对译

张丽华著，《森有礼编*Education in Japan*から林楽知訳〈文学興国策〉へ》，载关西大学《中国文学会紀要》第33号，2012年3月（萩野脩二教授退休記念号）。

“文学”曾是education的译词，就是有名的《文学兴国策》（1896）一书的用例。这本书的译者是美国人林乐知（Young John Allen，1836—1907），他是美国基督教监理会传教士，1860年来华，在上海、杭州一带传教，1864年经冯桂芬介绍，任上海广方言馆教习，1868年在上海创办和主持《中国教会新报》，后来改名《万国公报》，1881年在上海开设中西书院，后来又在苏州开设博习书院，并于1901年参与创办东吴大学。

《文学兴国策》的原作者是日本明治维新时期的首任文部大臣森有礼（1847—1889），出生于萨摩藩，1864年藩内开设讲授洋学的开成所，森有礼就是在此学习英语的八九人之一。1868年森有礼从美国回来，被举荐到明治新政府中担任外交方面的外国权判事，兼任议事调查员、学校调查员、军务官判事等职。1870年森有礼到华盛顿任少辨务使，作为外交官任中辨务使后代理公使。1873年作为日本政府的全权代表就日美通邮条约事宜进行协议和签字。1875年在李鸿章面前展现出外交才华，1880年作为钦差大臣赴英国，1884年回到日本，被任命为参事院议官兼任文部省御用挂，成为由外交官转掌文部省实权的教育行政家。作为教育家，森有礼在驻美期间就开始调查研究美国的教育，并编撰出版了*Life and resources in America*（《美国的生活及其资源》）、*Religious Freedom in Japan*（《日本宗教的自由》）。

1872年2月，森有礼作为驻美代理公使，向美国十多位著名人士发出征询意见函请教教育的功能，且提出回答时的五点参考范围，一是对于一国物质繁荣的意义，二是对于贸易的意义，三是对于农工的意义，四是对人文、道德以及卫生等民生事务的意义，五是对于法律、政府的意义。他在一个半月内收到了回函，并将回函加上"On Education in the United States"（《美国教育史概略》）等文，汇集成编，题为*Education in*

Japan，1873年在纽约的D. Appleton and company（安普兰顿书店）出版。（以上森有礼相关材料参见赵建民《森有礼的〈日本教育〉在中国的翻译及其影响——兼论异文化的传播和接受的现实性与可能性》，关于“Education in Japan”的具体内容参见大久保利谦编的《森有礼全集》第五卷）

“Education in Japan”被林乐知译成中文，以“文学兴国策”为题发表在《万国公报》上，时间为1896年。书中的“education”一词被林乐知翻译成“文学”。张丽华论文认为education与“教育”对译在十九世纪五十年代的汉语杂志《遐迩贯珍》《六合丛谈》上已经出现，另外罗存德《英华字典》也有相关的词条，如the education of children译为“子女之教育”，educating译为“教养、教育、养育”，educator译为“教养者、教育者、掌教者”，但是林乐知却选用“文学”这两个汉字来对译education，大约是出于欧美近代教育制度之公共性及学习内容之多样化的考虑。1881年《万国公报》上有这样的论述：“即如格物以知万物之理性，化学以分万物之原质，天文以测三光之运旋。此三者谓之物理。又如数学、代学、形学、八线以通各种量算之法术。此四者谓之数理，要皆为文学大端。”（《万国公报文选·振兴学校论（选录）》，生活·读书·新知三联书店，1998，第242页）

这一用法在康有为《请开学校折》里有所反映。康有为

《请开学校折》（1898）中的“文学”就不是传统的用法：

欧美之作其国民为人才也，当吾明世，乃始立学。仅从僧侣，但教贵族，至不足道。及近百年间，文学大兴。

其中所谓的“文学”包括了“文史、算数、舆地、物理、歌乐”等科目，也包括了“农、商、矿、林、机器、工程、驾驶”等专门之学，同时还包括了从低到高的学制安排等，相当于林乐知译文中的“文学”，即今天意义上的“教育、文教”。但是，这并不是主流的用法。

“文学”与 literature 的最初相遇

矶田光一著，《訳語“文学”の誕生》，载《矶田光一著作集》第5卷，东京：小沢书店，1991年。

《日本の“文学”概念》《“日本文学”の成立》两书都提到了literature和文学的“邂逅”。铃木贞美说：“19世纪中叶，中国编纂的《英华字典》中对literature一词的解释为‘文’‘文学’‘文字’‘字墨’。其中‘文字’‘字墨’等译语涵盖了最广泛意义上的literature的范围，‘文’和‘文学’等译语中则受到了与传统的（优秀的）‘文章’观念，以及学问，特别是与儒学结合起来的观念影响。”（王成中译《文学的概念》，中央编译社，2011，第101页）《“日本文学”の成立》中又说英语literature与汉语“文学”互译，当为十九世纪中叶香港等地，来华传教士在中国人的协助下出版的华英辞典、英华辞典为最先，也举罗存德《英华字典》（1866—1869）为例，说这四个解释正应对着英语literature的多义性。

仅仅这几个词名，共七个汉字，能否有效说明罗存德《英华字典》中literature译名的理据，我很怀疑。这个怀疑在矶田光一《訳語“文学”の誕生》得到了印证。

罗存德《英华字典》的确是目前所知较早将literature与文学对译的辞典。关于罗存德的生平，可以参考沈国威老师《近代英华辞典环流——从罗存德、井上哲次郎到商务印书馆》（《関西大学東西学術研究所紀要》2014年总第47号）和贺楠《19世纪来华传教士罗存德生平概要》（关西大学《文化交涉：東アジア文化研究科院生論集》2013年总第2号）两文。沈国威老师说：“19世纪在中国出版的为数众多的英华辞典中，来华德国传教士罗存德的《英华字典》是一本值得大书特书的辞典。这本辞典代表了19世纪西人汉外辞典编纂的最高成就，对其后的英汉辞典以及日本的近代英日辞典的编纂、译词的形成都产生了极大影响。”虽然《英华字典》在学术史上极为重要，但编著者罗存德的生平有很多不为人知的疑点。沈、贺两文在中国内地及香港、日本、罗马各处图书馆以及罗存德故乡才挖出这些材料，从而拼凑出罗存德的生平。

罗存德（1822—1893）出生于德国，分别于1848年、1853年和1862年三次来华，中间还一度随舰队去了日本（1854年），第二次来华后，罗存德的主要精力转移到教育和文化出版活动，一生共出版图书40余种。1864年，罗存德开始着手《英华字典》的编纂工作。1866年10月，《英华字典》出版第一册，以后每年一册至1869年四册出齐，第一册卷首有罗存德的英文序言及中国人张玉堂的汉语序言。1869年字典完成前夕，罗存德与China Missionary Conference因教义发生对立，被褫夺神职，罗存德回国后，出版社删去了《英华字典》序文。另外维也纳的奥地利国家图书馆藏有罗存德献给奥地利皇帝的四卷本《英华字典》，第二卷前有一序文，为其他版本所不见。沈国威老师据这些序文，认为罗存德在编纂字典时，除了新造译名外，也采用原有的旧词，或对旧词赋予新义。

因此，《英华字典》中将literature译成“文、文学、文字、字墨”的理据，其实是很难通过这简单的几个译词能够说明清楚的，这几个词的含义都极为宽泛。而且也不是参考其他华英、英华辞典而来，因为早期汉英字典未见“文学”译名。我在关西大学时，借着内田庆市老师的藏书之便，查阅了早期华英、英华辞典literature的译名情况，下面将所能找到的早期华英、英华辞典中有关literature的条目列出。

（1）马礼逊（Robert Morrison）《五车韵府》是较早的汉

英字典之一，初版于1819年，未收“文学”条目，其“文”字条的英译有letters\literature\literary\literary men\civil officers等义项，此书另有1865年的再版本和1879年出版的《五车韵府华文译英文字典》，收录情况同初版。马礼逊《华英字典》开始编辑时间为1815年，其第二卷出版于1822年，也与《五车韵府》一样，未收录“文学”条，其“文”条目下的英译与《五车韵府》相同。

（2）W.H.メドハースト（W.H.Medhurst）《英和・和英語彙》（*An English and Japanese, and Japanese and English vocabulary*，1830）中的“和英辞典”部分，ブンガク，“文学”的译名为literature。这是目前所知最早的“文学”和literature两词对译的例子。另外，“文章”的译名为literary composition，有意思的是“モンジ”条的汉字写作“文子”，也译为literature。“英和辞典”部分literary被译成“文”，另外还与“士农工商”的“士”对译。

（3）麦都思（Walter Henry Medhurst）《英汉字典》（*English and Chinese Dictionary*，1847—1848）将literature译为“文字、文墨、字墨”。polite do译为“文章”。ancient do译为“褎褎”，古文；learning译为“学文”。笔者所见为井上哲次郎的手抄本。

（4）罗存德《英华字典》（1866—1869）literature条全文

如下：literature，n.文，文学，文字，字墨；ancient literature，古文；modern literature，今文。也许罗存德参考过麦都思的辞典。因为literary麦都思译成“有学文的”，同样罗存德也译成“有学文的”，邝其照《字典集成》1868年版也译作“有学文的”，但1875年版则改为“有学问的”，这里承袭的关系是较为明显的，那么推测罗存德《英华字典》中literature词条也应该参考过麦都思的*English and Chinese Dictionary*。

（5）堀达之助《英和对訳袖珍辞書》（1862）中将literature译成“字知リ”（识字）。可以参考的词条：literary为“文斈ノ，文斈法則ニ随テ居ル学バレタル”；grammar译为“文斈，文典”；humanist译为“文斈者”；humanities译为“文斈詩斈及ヒ希臘羅甸ノ語斈ヲ捴テ云フ語”。不过，1866年增补订正再版时，将literature改译为“文字”，其他词条未变。这是日本人编的最早的英和辞典。

（6）John Chalmers《英粤字典》（*An English and Cantonese Dictionars*，1859、1870，笔者所见为1870年版）中literature译为“文墨”。literary译为“斯文”。

（7）邝其照《字典集成》（1868）译literature为“文字、文章”。另外将literary译为“有学文的，功名”，1875年版则改为“有学问的”。

（8）高桥新吉、前田献吉、前田正名《和訳英辞書》，又称《薩摩辞書》（*English-Japanese Dictionary*）初版（1869）中literature译作“文字”、letters译作“文學”。

（9）荒井郁之助《英和対訳辞書》（1872）与前相近，其literature也是译作“文字、學問”，而其literary译作“文學の。文學の法則ニ随ツテ居ル。學バレタル，literate译作“博學ナル”。

（10）津田仙《英華和訳辞典》（1877）译名情况与罗存德《英华字典》完全相同。

（11）井上哲次郎《哲学字彙》（1881）中literature的译名为“文学”。

（12）莫文畅（Mok Man Cheung）《达辞字典》（1898）译literature为“文字，文艺”。

从上面所列的诸辞典可以看出，影响最大的罗存德《英华字典》中的“文学”与literature互译，很大可能参考了麦都思所编的两种字典，尤其值得注意的是《英和・和英語彙》比罗存德更早地将literature与“文学”互译，同时罗存德《英华字典》经由井上哲次郎的引用，在日本影响极大，可能因此将“文学”与literature互译带回到日本。这是译名方面的问题。很大程度上，可以说明当时东亚知识与概念的共享。其次，约翰逊的《英语字典》对literature的定义是“学问、文字技巧”，很多英华、英和辞典中“文字、字墨”等译名大约可以体现这一义项。堀达之助《英和对訳袖珍辞書》初版中将literature译为“识字”，大约对应“广泛地阅读，即博学、学识”。但总体上，这些辞典中很难找到literature现代意涵的理据，也就是说虽然这里所列不少辞典都将“文学”与literature互译，但仍不能贸然认为此时汉语或日语中的“文学”两字已经具有现代意义上的概念。矶田光一也同样认为麦都思和津田仙的译例很难被认定是一个现代的概念的互译，而且他还认为“文学”一词现代意涵的形成，与现代学术体制和学科体系的形成有极大的关系，并以东京大学的成立作为重要标志。

作为学科名的“文学”最早用例

铃木修次著，《“文学”の訳語の誕生と日·中文学》，载古田敬一编《中国文学の比較文学的研究》，东京：汲古书院，1986年。

很多学者认为最早将literature译成“文学”的是西周的《百学连环》，但铃木修次认为这并非事实。铃木认为明治三、四年间的讲座“百学连环”中介绍了西方传来的诸学科的概念，literature既译成“文学”，又有“文章学”的译法。而且西周在《明六杂志》上发表的文章中，也将rhetoric译成文学。因此，铃木修次认为西周的译语并没有固定下来，而且，《百学连环》在1932年才被重新发现，所以其影响力并不大。

铃木修次还指出，literature与文学对译的固定应是明治八年（1875）5月8日发行的《文部省报告》第21号上揭载的《开成学校课程表》。

开成学校，原是幕府所开设的洋学教育机构开成所，明治元年（1868）改名，明治四年移交文部省管辖，至明治十年东京大学成立前，开成学校是当时国立的唯一高等教育机构。明治八年发行的《文部省报告》中，开始揭载《开成学校课程表》，表中有“予科课程表”，并于英语学的教授内容如下：

第一年第二期，英语学（修辞レトリック·作文·口授劄记）

第二年第一期，英语学（文学リテレチュール·書写及説話ノ実試）

第二年第二期，英语学（前期ニ同ジ）

第三年第一期，英语学（論理·論文）

第三年第二期，英语学（心理·論文）

通过旁注的片假名，我们很容易确定“修辞”是rhetoric的译名，“文学”是literature的译名，“论理”是logic的译名，“心理”是mental philosophy的译名。作为学科名称的译语，

“文学”第一次出场了。

依这个逻辑，其实时间还可以略向前推，明治七年（1874）5月发布的《文部省报告》第13号中有《外国语学校教则》，“上等语学”第三年第一期中就有“文学”和“文学历史”两门课程，而“文学历史”旁注片假名为“ヒストリー、ヲフ、リテラチュール”，即history of literature的音读，可以说明文部省以“文学”来译literature。

似乎还可以再往前推。东京大学实则昌平学校、开成所和医学校三学校合并而来，明治二年6月昌平学校改名为大学校，同年12月再改为大学，与医学校同处一区而位于南部，又称为大学南校，而医学校则称为大学东校，与开成所都是东京大学的前身。其中，语言科分“英学”、“仏学”和“独学”即英、法、德三国语言学科，据《东京帝国大学五十年史》一书所记录，“英学”的课程表中，出现了“文学”一课，这一用法虽未标出其名称的英语，但根据后来明治七年的《外国语学校教则》课表，可以确定它也是literature的译语。

似乎可以说，日本东京大学成立之初就引入了现代的分科制度，并引入现在的“文学”学科，而这一文学学科可以明确就是literature的译语。

西周《百学连环》中“文学”译名来源

手岛邦夫著、刘家鑫编译，《日本明治初期英语日译研究——启蒙思想家西周的汉字新造词》，北京：中央编译出版社，2013年。

“文学”与literature对译成立史上，西周的《百学连环》是一个重要的环节。近读《日本明治初期英语日译研究——启蒙思想家西周的汉字新造词》一书，其中有一个关键的信息，可为“文学”概念史研究提供思考依据。

国内学界对西周及其《百学连环》研究不足，大约只有孙彬《西周的哲学译词与中国传统哲学范畴》（清华大学出版社，2015）以及这里要介绍的手岛邦夫著、刘家鑫编译的《日本明治初期英语日译研究——启蒙思想家西周的汉字新造词》

两部专著，这实在是一件遗憾的事。狭间直树《西周のオランダ留學と西洋近代學術の移植》对西周的学术贡献有较详细的论述，读者自可参考。

西周，日语读作にしあまね，1829年生于石见国的津和野藩（今岛根县境内），为文豪森鸥外的同乡前辈（森鸥外曾写过《西周传》）。西周祖父为学者西时雍，西周的汉文素养应该是他祖父培养的。据说西周四岁读《孝经》、六岁读四书，整个青年时代，西周研习了大量中国传统经典，应该都和他祖父有关。西周父亲为外科医生西时义，当时医生是最早接触西方医学知识的群体，因为“兰学”而开眼看世界，我想西周后来留学荷兰也许与他父亲的职业有一种隐秘的关联。

1857年，西周与津田真道一同被任命为蕃书调所的助教。蕃书调所，原是幕府为了适应时代激变而开设的洋学研究、教育及翻译机构，后来改名为洋书调所、开成所，成为后来东京大学建校的基础。蕃书调所初设之时，仅有洋书16卷，安政六年增至600部，除了语学书外，还有兰学书籍。西周在此潜心研究西方的哲学、科学与思想文化，遗憾的是，目前学术界还不能确定西周在此读了哪些书籍，不能直接一窥西周翻译的取材来源。

1862年，西周被幕府派往荷兰留学，进入莱顿大学专攻法学。1865年回国后，担任幕府第十五代将军德川庆喜的政治顾问。1868年受命为沼津军校的首任校长。1870年进入明治政府的兵部省，此后在文部省、宫内省等政府部门任职。1873年，西周与森有礼、福泽谕吉等人结成“明六社”，并在著名的社刊《明六杂志》上发表多篇文章，在西洋哲学的译介上有杰出的贡献。1890年，西周成为贵族院议员。1897年1月31日辞世，享年六十八岁。

西周著译有《万国公法》《百一新论》《致知启蒙》《心理学》《学原稿本》《生性发蕴》和《利学》等，现已编入大久保利谦主编的四卷《西周全集》中。其中这里重点介绍的《百学连环》收于全集第四卷。森鸥外的《西周传》提到明治三至六年（1870—1873），西周为福井藩的子弟们开设过育英舍的课程，讲授的内容正是《百学连环》。不过，此讲义西周生前没有出版，森鸥外《西周传》也是隐约其辞，森鸥外恐怕也是没有见到过此书。昭和七年（1932）西周的女婿冈不崩氏去世后，人们整理遗物时，才发现西周的学生永见裕记录的《百学连环》稿本七册。《百学连环》的重新发现，距西周讲学已经过去了六十多年，距西周逝世也已经三十多年，此后虽有柳田泉等学者作了介绍，至正式排印出版已经是旧版《西周全集》刊行的昭和二十年（1945）了。因此，学者普遍认为《百学连环》的社会影响力并不大，不过，书中的新造译词具有编年史的意义。

《百学连环》由总论、普通学和殊别学三部分组成。其中《总论》介绍了学术的定义、方法等，现有关西大学沈国威老师的中译本，发表于《或问》第18卷上。普通学则分为历史、地理学、文章学（literature）、数学。殊别学包括心理上学［神理学、哲学、政事学（法学）、制产学、计志学］和物理上学［格物学、天文学（星学）、化学、造化史］。这个分类大概是接受了孔德的实证主义，而与近代大学学部的构成保持了一致性，比如这里的两个“理学”应该对应人文社会学科和理科，而不是与西方的自由七艺对应，可以说这里的literature，包括语典（grammar）、象形字（hieroglyph）、文辞学（rhetoric）、语言学（philology）、诗学（poetry）五大板块，正是西方转型时期的概念。这里的“文章学”在行文中也译作“文学”“文章”等，同时，《总论》中论及西洋的自由七艺时，也将rhetoric译作“文章学”。可见西周当时并没有最终确定literature的译名，但是这在“文学”与literature对译成立史上仍然具有编年史意义。

现在的问题是，西周将literature译成“文学”是否有所依据？

李征在《中国・日本の近代における「文学」という翻訳語の成立：清末上海滞在のイギリス人宣教師エドキンスによる「希臘為西国文学之祖」の 執筆をめぐって》（日本比较文

学会《比較文学》，1997）一文中指出，《六合丛谈》创刊号（1857）上的《希腊为西国文学之祖》是“文学”与literature互译的最早用例。李征提出的猜想颇值得思考：《六合丛谈》在日本影响很大，曾被“洋书调所”翻刻，当时日本学者西周（1829—1897）正在该“洋书调所”，而且西周留学归国后，长期在该所任教，西周的讲义《百学连环》是日本较早使用“文学”翻译literature的。李征认为也许这两者之间有一定的联系，希望随着西周研究的深入，这些问题得以解决。

这个猜想完全没有实证，其实也无法实证。

手岛邦夫《日本明治初期英语日译研究——启蒙思想家西周的汉字新造词》第三章第二节《来自英华及英和辞书的影响》，提出西周的译词可能参照了当时罗存德的《英华字典》。中译本将晚清来华的德国人罗存德的名字从日语音译过来后成了“罗普夏特”，罗存德是W. Lobscheid在其字典上的中文名，也有版本题作罗布存德。手岛邦夫统计了《百学连环》和《英华字典》相一致的词汇，发现西周2459个译词中有233个与《英华字典》相一致，占总数的9.5%。而这233个词汇中有225个出自《百学连环》，占与《英华字典》相一致词汇总数的97%。手岛邦夫说，西周初期写作《百学连环》时，较常使用《英华字典》。

在中文世界里，“文学”与literature对译成立的早期两个例子，一为《希腊为西国文学之祖》，其英文标题为“GREEK THE STEM OF WESTERN LITERATURE”；二为1866年罗存德《英华字典》中literature词条下给出的译文：“文、文学、文字、字墨。”手岛邦夫这个统计的方法其实是确认了西周《百学连环》中“文学”译名的来源，即西周参考了罗存德《英华字典》（1866）中的“文学”译名。至于李征论文中的猜想，虽然还不能完全否定，但手岛邦夫的结论已经很有说服力了。

中国现代“文学”概念反向格义的过程与方法

现代汉语中的“文学”一词译自英语literature，这是一个来自现代西方的概念，早已融入现代汉语而为中国人所接受。中国文学史往往溯源至先秦，经常让人误以为“文学”概念也源远流长，而不能以后设的立场省察“文学”概念本身的历史，可以说“文学”一词及概念与中国文化、现代汉语水乳交融，以致我们无法觉察其现代西方属性。那么，何以“文学”概念能恰如其分地融入现代汉语、中国文化？这与“文学”概念在中国容受过程中的“反向格义”有关。这里主要论述“反向格义”的所指、过程和方法。

1. 概念史研究中的反向格义

现代“文学”概念在中国的容受有一个重要而隐形的环节，就是“反向格义”。我们讨论现代西方概念在中国或东亚的容受，一般可以分为三个面向的研究：一是侧重西方概念的翻译或词汇化过程，梳理西方概念在其本源文化中的历史脉络，推敲其在东亚翻译或词汇化中的理据，讨论翻译或词汇化时的东亚历史语境。这一面向的研究往往着重检索相关的书证，重视现代中西语言交流的研究。二是着重于概念的传播过程，尤其是现代西方概念进入东亚时，常常与现代传媒有着密切的关系。有些概念的翻译在理据上比较合理，最后却并不为大众所接受，如严复将evolution译成“天演”，但大众还是接受“进化”的译法，概念的翻译成功不一定保证它能够普及流行，还深受译者、媒体、受众等各种传播环节的影响，这一面向的研究往往涉及考察出版印刷、社会思潮等。三是考察现代西方概念与本土文化融合的过程。首先是考察新概念面对强大的传统，为了符合本土文化而进行的自我调适；其次是考察新概念改变人们阐释世界的方式，重新塑造传统乃至重建本土文化的形态。“文学”是literature的译词，是一个西方传来的概念。它进入中国，当然做了很大程度上的自我调适（本文暂不涉及此一层面），同时也重构了传统，重新建构文献的分类体系，重新阐释中国传统诸多概念等，我称这一重构的过程为“文学概念的反向格义”。

“格义”原指北朝中土僧人以老庄的概念去解释佛教教义，《高僧传》卷四《晋高邑竺法雅》：“雅乃与康法朗等，以经中事数，拟配外书，为生解之例，谓之格义。”陈寅恪曾阐发过这一现象，其《支愍度学说考》云：“尝谓自北宋以后援儒入释之理学，皆‘格义’之流也。佛藏之此方撰述中有所谓融通一类者，亦莫非‘格义’之流也。即华严宗如圭峰大师宗密之疏《盂兰盆经》，以阐扬行孝之义，作原人论而兼采儒道二家之说，恐又‘格义’之变相也。”可见“格义”与“格义之变相”等，强调了以外典释内典和以内典释外典的内外互释，两者的逻辑是一致的，只是阐释的方向不同而已。因为佛教为外来文化，所以“格义”又有以本土原有概念解释外来思想的意思，汤用彤《汉魏两晋南北朝佛教史》中说：“格义者何？格，量也。盖以中国思想比拟配合，以使人易于了解佛书之方法也。事数者何？据《世说·文学篇》曰：‘事数，谓若五阴、十二入、四谛、十二因缘、五根、五力、七觉之属。’法雅之所谓事数即言佛义之条目名相。其以事数拟比，盖因佛经之组织常用法数，而自汉以来，讲经多依事数也。”这段表述中以“中国思想”替换了“外典”，凸现了“本土”与“外来”概念、思想之间的互动。

“反向格义”就是用外来文化中的概念去解释、研究本土原有的思想、现象等。刘笑敢《“反向格义”与中国哲学研究的困境——以老子之道的诠释为例》等论著率先提出的“反向格义”这一术语，显然是由“格义”引申而来。刘笑敢提出的“反向格义”有广、狭二义：广义可以泛指任何自觉地借用西方哲学理论解释、分析、研究中国哲学的做法，涉及面可能非常宽，相当于陈荣捷所说的“以西释中”。狭义的反向格义则是专指以西方哲学的某些具体的、现成的概念来对应、解释中国哲学的思想、观念或概念的做法。张汝伦《邯郸学步，失其故步——也谈中国哲学研究中的“反向格义”问题》也说反向格义“就是以西方哲学的概念和理论框架来研究中国传统的哲学思想”，“用西方哲学的门类划分来重构中国思想……一般哲学史会按照本体论、认识论、伦理学等等这样的西方哲学特有的分类来叙述，而且一般人研究中国古代思想也会用这种分裂框架来套”。

从刘笑敢等人的讨论中可知，“反向格义”这一术语主要是用来讨论中国哲学研究中的问题。这是因为中国传统文化中没有“哲学”学科和“哲学”这一概念，西学东来，近代中国才开始用西方哲学的门类划分重构了中国思想及思想史。而且，“自胡适的《中国哲学史大纲》以来，反向格义似乎已经成为一种无可否认的中国哲学研究的主流方法”（刘笑敢《反向格义与中国哲学方法论反思》，载《哲学研究》2006年第4期，第36页）。

从概念史的角度看，“文学”这一概念进入中国时也存在“反向格义”的过程，只是学者往往不太注意这一过程。因为经过反向格义后的中国原有文献、思想和概念等，都已经处于“文学”（literature）的概念框架之中，这一概念已经成为一个思维的装置、一个观察的视角，我们一般不容易觉察到自己处于这一装置、这一视角之中。就好像站在窗口看风景，往往不太注意窗口对风景的限制和选择。中国文学史著作往往上溯至《诗经》等先秦的作品，人们就以为“文学”这个概念以及它所携带的整套价值体系也在先秦就已经出现了。有人提出“魏晋时期是文学自觉的时代”，人们就以为至少那时“文学”的概念已经出现了。事实正好相反，因为现代人有了“文学”的概念，才将中国文学史追溯至《诗经》或更早，才将文学自觉的时代追溯至魏晋。

首先，中国传统并无“文学”（literature）学科，“文学”学科完全是现代西方传来的。这里需要辨析的是孔门四科中的“文学”，《论语》有孔门四科：“德行：颜渊、闵子骞、冉伯牛、仲弓。言语：宰我、子贡。政事：冉有、季路。文学：子游、子夏。”姚名达《中国目录学史》称此为“学术分类之祖”，这一分类影响深远，可以说中国古典的“文学”

一词都是由此引申出来，如桓谭《新论》：“孔子以四科教士。”《后汉书·张曹郑列传》：“仲尼之门考以四科。”甚至将这四科具体为职官或科目，如《汉书·王莽传》言“令公卿大夫诸侯二千石举吏民有德行通政事能言语明文学者各一人”，《宋书》卷九十三载宋文帝立“儒学”“玄学”“史学”“文学”四馆，这一分类中的“文学”一直继续至后世。众所周知，这一“文学”并非literature。《论语》早期注本释此“文学”为“善先王典文”“博学古文”，今人据此将“文学”译为“文献”或“学问”，杨伯峻则更具体指出“古文”是《诗》《书》《易》等经书，李零则说这里的“文学”不是今天的文学。文学是对方术而言。方术是古代的自然科学（也包括各种迷信），文学是古代的人文学术。

其次，传统的书籍目录分类之中，也无“文学”门类。《汉书·艺文志》继承刘向《别录》、刘歆《七略》而来，将书籍分为“六艺略、诸子略、诗赋略、兵书略、术数略、方技略”六大类，荀勖《中经新簿》将图书划分为“甲乙丙丁”四部，开四部分类之先声，足以表现学术、思想的变迁，至《隋书·经籍志》确定为“经史子集”四分，遂为中国传统图书分类之定制。至康有为《日本书目志》（1898）才将“文学”列为一级目录，当然现在王宝平《康有为〈日本书目志〉出典考》一文已经考明康有为此书完全是从《东京书籍出版营业者

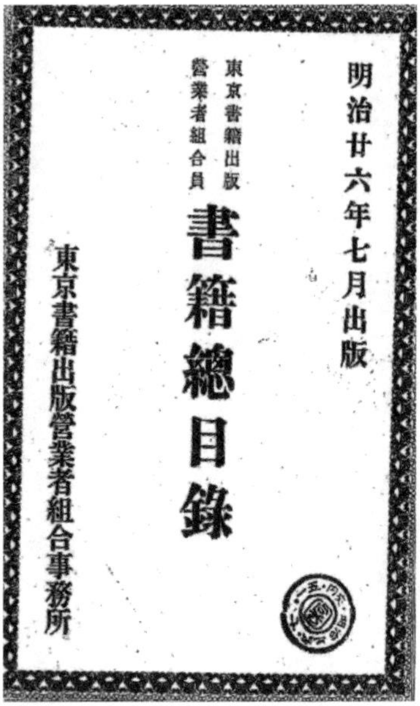

组合员书籍总目录》抄录而来，而且还误解了“文学”之义，将原《东京书籍出版营业者组合员书籍总目录》中“文学”的二级分类“小说”也提到一级目录，形成“文学”与“小说”并列为一级目录的结果，实际说明当时中国最先锋的学者仍未理解作为一级学科的“文学”。

当然，有人也许会问，即使没有“文学”一名，但中国文献的分类中有诗文，如《汉书·艺文志》中有“诗赋略”，所著录的为辞赋诗歌作品，四部分类中的“集”，所著录的也多为诗文，何尝不可以视为相当于“文学”的分类呢？

钱锺书的书评《评周作人的〈中国新文学的源流〉》（1932）中对周作人的名著有一番釜底抽薪的批评，正可以回答上述这一疑问：

在传统的批评上，我们没有“文学”这个综合的概念，我们所有的只是“诗”“文”“词”“曲”这许多零碎的门类……“诗”是“诗”，“文”是“文”，分茅设蕝，各有各的规律和使命。

实际上就是说中国传统的概念中，诗、文、词、曲等的上位概念并不是“文学”，即使有诗和文的门类，也不能说就有了文学的分类和概念。我们之所以认为诗赋略、集部相当于文学，正是因为我们已经处于现代“文学”概念的框架之中，很难逃脱出现代的“文学”概念笼罩而进入汉魏六朝的概念、思想框架体系去思考。具体而言，《汉书·艺文志》所呈现的思想、学术框架其实是“六艺”，甚至有人说四部分类只是图书分类的方法，根本就不是学术分类。马一浮《论六艺该摄一切学术》中提出六艺统诸子、六艺统四部，反对现代的学术分科：“文章体制，流别虽繁，皆统于《诗》《书》。《汉志》犹知此意，故单出‘诗赋略’，便已摄尽。”李零《简帛古书与学术源流》指出《汉书·艺文志》中“诗赋略”与“六艺略”“诸子略”有交叉，不同之处在于“诗赋略”以汉代的作品为主而已，《汉书·艺文志》以史书附于《春秋》，而不以诗赋附于《诗》，是因为这类材料太多了。因此，我们可以说，“诗赋略”之所以独立成类，并不是因为后世意义上的文学性标准。

同样，《隋书·经籍志》关于集部独立的原则，实际上也不是后世意义上的文学性标准。《隋书·经籍志》关于别集和总集的小序中说：

> 别集之名，盖汉东京之所创也。自灵均已降，属文之士众矣，然其志尚不同、风流殊别。后之君子，欲观其体势而见其心灵，故别聚焉。名之为集……
>
> 总集者，以建安之后，辞赋转繁，众家之集，日以滋广，晋代挚虞，苦览之者之劳倦，于是采摘孔翠，芟剪繁芜，自诗赋下，各为条贯，合而编之，谓为流别。是后文集总钞，作者继轨，属辞之士，以为覃奥，而取则焉。今次其前后，并解释评论，总于此篇。

显然这里在描述别集、总集的产生、功能上与“集”字本身的含义相合，就是收集之义。别集是收作家之作品，以人为标准；总集则超越个人，收录文献的范围更大一些，有地方性总集和断代性总集等，虽然所收集的多为诗文，但其成立的标准仍然不是诗文或其上位概念“文学”。

总之，“文学”是一个外来概念，经过反向格义后，“文学”成了我们认识中国古代文献、中国古代学术的一个框架，在这个框架中，我们认为《汉书·艺文志》的“诗赋略”、《隋书·经籍志》的集部相当于文学的分类。现在的问题是，这个框架或者反向格义是如何展开的？

2. 文学概念反向格义的过程

西方现代的“文学”概念引入与“文学”概念的反向格义并不是同步展开的。首先，要确定“文学”作为literature的译名，有一个漫长的过程，“文学”未必就是literature的译名。如高一志（1566—1640）《童幼教育》（1632？）中《文学第三》，其中提到“文学”，实即philosophy（哲学）。杨廷筠（1557—1627）《代疑续篇》（1635）卷上《引驳》论及西教之学时提到“文学”，实即rethorica（修辞）。林乐知的《文学兴国策》（1896）翻译自日本学者森有礼的“Education in Japan”，“文学”实即education（教育）。

其次，文学作为literature的译名，最初并没有显示出学科的规范意义，如1857年的《六合丛谈》创刊号刊登了《希腊为西国文学之祖》一文，其英文标题为“GREEK THE STEM OF WESTERN LITERATURE”，纵观全文，将literature翻译成“文学”更像是一种临时的偶然行为。至于1866年罗存德的《英华字典》中literature被翻译成“文学”，限于辞典的体例而没有呈现翻译的理据，当然也不可能显示出学科的规范意义。可以说晚清有部分学者已经知道“文学”不再是《论语》上的那个“文学：子游、子夏”的孔门四科之一，但也并不了解其确切含义，如康有为《日本书目志》卷十一为“文学门”，前面已经提到了这份目录实则是抄自《东京书籍出版营业者组合员书籍总目录》，其分类体现了现代的学术分类，但是从康有为在“文学门”的按语以及将小说与之并置为一级目录来看，康有为对“文学”的理解相当混乱（参见沈国威《康有为及其〈日本书目志〉》，载《或问》2003年第5号）。在这种情况下，“文学”概念的反向格义自然无从谈起。

大体而言，中国现代“文学”概念反向格义的过程有三个时间节点：第一是二十世纪初中国现代学科体制的建立，主要是因为体系效应；第二是二十世纪二十年代的“整理国故”运动，主要是因为制度效应；第三是二十世纪三十年代《中国新文学大系》编辑出版，主要是因为示范效应。

2.1 以现代学科体系建立为第一个时间节点

现代的“文学”概念反向格义的起点应是现代学科体制的建立。“文学”学科随着现代学术体系的输入而形成，“文学”概念作为现代术语、概念体系的子系统而引入。这一学科体系并不是在中国传统学术分类自然沿革，而完全是一种移植。经过多种尝试之后，晚清政府最终参考日本明治时期的学制，颁布了《钦定京师大学堂章程》（1902）和《奏定大学堂章程》（1904），其中这两份章程中设立“文学”一科，为“文学”概念史上标志性的时间节点，也是文学概念反向格义的起点。

首先，现代学科的建立打破了旧有的学科和学术框架体系，代之以全新的框架体系，体系内部的此疆彼界本身就是重新划分研究对象、知识内容的过程，必然要重新安排中国原有知识、文献在新体系中的位置，而“文学”作为这一系统的子系统，一旦确立，也随着整体框架而开始对中国原有的知识、文献开始了反向格义。而且《钦定京师大学堂章程》一级学科分为“政治科、文学科、格致科、农业科、工艺科、商务科、医术科”七科。“文学”下进一步分为“经学、史学、理学、诸子学、掌故学、词章学、外国语言文字学”七目，在当时中学西学之争的背景下，文学科在整个课程中成为“致用”结构中“中学”所能退守的最后堡垒（陈国球《文学史书写形态与文化政治》，北京大学出版社，2004），“文学”概念也几乎包含了“中学”的内容。两年之后的《奏定大学堂章程》中增设了“经学科”，本意是尊经而将“经学科”独立，而从“文学”学科的角度看，将“经学”从“文学”中剥离出去，更符合现代“文学”范畴。而且《奏定大学堂章程》的“文学”一目中突出了国别文学，这个意义上的“文学”更接近于现代西方“文学”概念。可见，当这个现代西方的“文学”概念进入中国新建的学术体系、学科体系时，借由体系效应，就开始了它持续的反向格义之路。

其次，文学学科内容也是反向格义的重要表现。当“文学”作为一级学科最终在中国高等教育中固定下来，接下来的问题就是“中国文学”应该教些什么？《奏定大学堂章程》中的“中国文学研究法略解”列举详细，规定了“中国文学”的范围，也同时重新定义何谓“文学”。这一划定范围、定义内容即是“文学”概念的反向格义，其表现之一是打破四部分类，如《奏定大学堂章程》中八科的第一科即经学科大学，直接继承四部分类中经部的内容，而文学科大学的“中国文学门”也包含了说文学、音韵学等课程，“中国文学研究法略解”包含了“古文籀文、小篆、八分、草书、隶书、北朝书、唐以后正书之变迁，古今音韵之变迁，古今名义训诂之变迁”等经部小学的内容，也列举了“史汉三国四史文体”“诸史文体”等史部的内容，以及周秦诸子文体，语录文体，释道藏文体，小说文体，记事、记行、记地、记山水、记草木、记器物、记礼仪文体，表谱文体，目录文体，图说文体，专门艺术文体等子部的内容。“文学”概念的反向格义的表现之二是将中国传统的文章学知识转化为文学批评、文学研究。“中国文学研究法略解”要求研究“修辞立诚、辞达而已二语为文章之本”“古今言有物、言有序、言有章三语为作文之法”“文章险怪者、纤佻者、虚诞者、狂放者、驳杂者，皆有妨世运人心之故，文章习为空疏，必致人才不振之害”等。“文学”概念的反向格义的表现之三是明确指示重新组织中国传统文献，如关于“历代名家论文要言”这一课的解释说“如《文心雕龙》之类，凡散见于子史集部者，由教员搜集编为讲义”，实际上是将中国古代的写作指导、写作心得，反向格义为“文论、文学批评”了。

2.2 以整理国故运动为第二个时间节点

“文学”概念的反向格义进一步深化，得益于整理国故运动及其带来的制度效应。1919年胡适发表《新思潮的意义》一文，为整理国故运动的宣言书，文章中提出“重新估定一切价值”，来概括新思潮的精神。胡适说：

整理就是从乱七八糟里面寻出一个条理脉络来；从无头无脑里面寻出一个前因后果来；从胡说谬解里面寻出一个真意义来；从武断迷信里面寻出一个真价值来。为什么要整理呢？因为古代的学术思想向来没有条理，没有头绪，没有系统，故第一步是条理系统的整理。因为前人研究古书，很少有历史进化的眼光的，故从来不讲究一种学术的渊源，一种思想的前因后果，所以第二步是要寻出每种学术思想怎样发生，发生之后有什么影响效果……故第三步是要用科学的方法，作精确的考证，把古人的意义弄得明白清楚……故第四步是综合前三步的研究，各家都还他一个本来真面目，各家都还他一个真价值。

所谓古代的学术思想没有条理、没有系统，正是因为有了现代的“条理”“系统”的对照或者说掩盖，“文学”概念正是这些现代的“条理”与“系统”之一，所以郑振铎《整理中国文学的提议》中（1922）说：

原来中国人所崇的“文”，并不是“文学”的“文”，乃是所谓“六经之道”，为帝王保守地位的“文”。其他真正文学，则提倡者决无其人……至于近代，因西洋小说介绍进来的原故，大家才稍稍承认小说在文艺上的地位，但是一般人还不大[十]分明了文学究竟是什么，也不大知道中国文学真价的所在。有人以学校中的“功课表”算为文学，也有人把宋元理学、汉人章句，也叙入文学史之中，又有人以陶潜来同俄国的托尔斯太[泰]来相比。中国文学真还在朦胧阴影之中，没有露出新明的阳光呢！所以我们要明白中国文学的真价，要把中国人的传说的旧文学观改正过[来]，非大大的先下一番整理的功夫，把金玉从沙石中分析出来不可。

首先，这里显示出二十世纪二十年代人们对于“文学”概念的认识显然深于世纪之初，郑振铎本人对世纪之初的文学史、文学定义都有批评意见。其次，郑振铎跟胡适一样，都拿现代西方传来的概念来重新认识、梳理中国原有文化，而这一反向格义又遮蔽了“文学”概念之前的“文学”实相，并称之为“旧文学观”“六经之道”等。

当然，这一整理国故运动并不是专门针对“文学”，而是一个庞大的体系，最后的落实还在于形成一套现代的学术制度，一是研究机构的设立，二是研究期刊的发行。研究机构的设立有：1922年1月北大研究所成立国学门、1924年东南大学成立国学院、1926年厦门大学成立国学院、1928年中山大学成立语言历史学研究所等。在这些机构的建制下，又成立了“歌谣研究会”“风俗调查会”“民俗学会”等。期刊则有《国学季刊》《文学旬刊》《歌谣周刊》《国学门周刊》。甚至反对新文化运动的学者，也在这个制度的裹挟之下，成立机构和创办期刊，共同推进了整理国故运动。陈以爱《中国现代学术研究机构的兴起》（江西教育出版社，2002）对此有详细论述。

就“文学”概念的反向格义而言，这一整理国故运动，主要是推动了“纯文学”概念的深入，这一时期一批“纯文学”概念下的文学史著刊行：郑宾于《中国文学流变史》(北新书局，1930—1933),刘经庵《中国纯文学史纲》(北平著者书店，1935),容肇祖《中国文学史大纲》(朴社，1935),陆侃如、冯沅君《中国诗史》(上海大江书铺，1931),《中国文学史简编》(上海大江书铺，1932),金受申《中国纯文学史》(文化学社，1933),林之棠《中国文学史》(北平华盛书局，1934）……都是运用“纯文学”概念重新建构中国文学的历史。

2.3 以《中国新文学大系》出版为第三个时间节点

良友图书公司编辑赵家璧主持的《中国新文学大系》（后简称《大系》）约请郑振铎、郁达夫、鲁迅、茅盾、阿英、朱自清、胡适、周作人、洪深、郑伯奇十位客座编辑，于1934年开始编辑，至1936年出齐全套，成为新文学研究的权威项目，具有“文学”概念反向格义的示范效应。

首先，《中国新文学大系》以文学作品为主体，呈现“文学”概念的重心。《大系》第一集为《建设理论集》，第二集《文学论争集》，第三至五集为小说集，第六、七两集为散文集，第八集为《诗集》，第九集为《戏剧集》，第十集为《史料·索引》，其中文学作品计有七集，所以刘禾在《跨语际实践：文学、民族文化与被译介的现代性（中国：1900—1937）》（生活·读书·新知三联书店，2008，第315—316页）中说：

> 《中国新文学大系》由十卷组成，取舍的一般标准来自于人们关于文学的普遍预设（何谓文学），各卷在将这个标准运用于对历史材料的权威阐释的时候进一步加强了这种预设。

所谓“进一步加强了这种预设”，其实就是示范效应。当人们提起“文学”时，第一反应就是想起文学作品。正是因为这一示范效应的结果，相较于《奏定大学堂章程》文学门科目中，主课包括“文学研究法、说文学、音韵学、历代文章流别、古人论文要言、周秦至今文章名家、周秦传记杂史周秦诸子”七门课，“文学”概念在字面上无法获得直接感觉。《大系》之前的现代文学总集往往是单一的体裁，如何仲英编《白话文苑》（1920）、张静庐选编《良友小说集》（1923）、刘半农编《初期白话诗稿》（1933）等，这一体裁与文学之关系未能得以直接呈现，而《大系》直接以小说、戏剧、散文、诗歌四大类文学作品为中心，显示“文学”概念认识的深入。

其次，《大系》的文学理论、文学批评、文学史三大板块结构，呈现“文学”概念的研究属性。《大系》中第一集《建设理论集》、第二集《文学论争集》正暗合文学理论与文学批评，至于每集的导言加上第十集《史料·索引》，对日后的中国现代文学史书写影响至巨，这三大板块可以说很大程度上擘画了文学研究的范畴。正如韦勒克《比较文学的名称和实质》一文指出的那样：“文学”有“知识或文学的研究”的含义，而这三大板块也正可对应韦勒克《文学理论》一书对文学研究的论述框架，现已成为文学学科的基本认识。《中国新文学大系》这一题目之下，“文学”（literature）一词的丰富性得以呈现。

对于“文学”概念的理解，《大系》在很大程度上做了调适，如“文学”分为“小说、诗歌、戏剧、散文”就是迁就中国传统重视“文”的习惯而加上“散文”一类（参见陈国球《〈香港文学大系1919—1949〉总序》，载《中国文哲研究通讯》2014年第24卷（2），第5—6页）。但是上述关于“文学”概念的理解的确来自西方，所以刘禾《跨语际实践：文学、民族文化与被译介的现代性（中国：1900—1937）》（生活·读书·新知三联书店，2008，第324页）评论说：

欧洲文艺复兴在这里显示了不容置辩的权威性，从而使《大系》本身得以合法化和经典化。从这个意义上说，《大系》是一个文化上的自我殖民的规划，西方成为人们赖以重新确定中国文学意义的终极权威。

3.“文学”概念反向格义的方法

“文学”概念反向格义的方法主要有三：首先确定文学文献的范围，这是要打破原有的文献分类原则，重新组织体系；其次对接原有概念，如沟通现代“文学”（literature）与孔门四科之“文学”，或将“文学”与“文”等同起来，通过种种努力，找到“文学”概念的文献出处；最后书写中国文学史，使得“文学”概念深入中国文化。而这三者往往结合在一起。

二十世纪上半叶出版的中国文学史著中，经常要先讨论“文学”的定义，这恰恰说明当时人们对于“文学”和“文学史”的陌生，以致作者认为有解释的必要，而绝大多数论者以现代西方的“文学”为基本框架，对旧有文献及其历史重新做了阐释。

3.1 重新分类文献

“文学”概念欲在中国文化中立身，成为学科不足凭，更要有一定的研究对象，即文学文献范围的划定。郑振铎《整理中国文学的提议》提出：“我们研究中国文学，非赤手空拳，从平地上做起不可。以前的一切评论，一切文学上的旧观念都应一律打破。”

怎么打破？最直观的做法，是将四部分类中的集部拿来即可，所以朱星元说：“集部之名，今多改为文学部。”但是，显然这样的看法太过粗率，于是就有了改造集部的冲动，朱星元《集部概论》一文说：“（集部）分类，亦宜用文学之分类。余以为大别可分为文学作品文学批评两大类，文学作品则分别集与总集，别集以别集与词曲中之别集归之，总集以总集楚词及词曲中之总集归之，文学批评，则以诗文评归之。”如果以中国文化本位的看法，这不免削足适履。

郑振铎则立足于现代“文学”概念的规定性，只从四部中抽取符合“文学”概念的部分：“有人以为集部都是文学书，其实不然，《离骚草木疏》也附在集部。所有‘诗话’之类，尤为芜杂。即在‘别集’及‘总集’中，如果严格的讲起来，所谓‘奏疏’、所谓‘论说’之类，够得上称为文学的，实在也很少……最奇怪的是子部中的小说家。真正的小说如《水浒》《西游记》等倒没有列进去，他里边所列的，却反是那些惟中国特有的‘丛谭’‘杂记’‘杂识’之类的笔记。”最后确定下来可以作为文学文献的有九类：诗歌、杂剧传奇、长篇小说、短篇小说、笔记小说、史书传记、论文、文学批评、杂著。

“文学”概念反向格义最为特别的地方是将“小说”凸显出来。自歌德《文学的自然形式》中提出“文学只有三种真正的自然形式，即清楚叙述的形式，情绪激昂的形式和人物行动的形式，也就是叙事体、诗歌体和戏剧体”，表明文学三分法成为浪漫主义时期的共识。与叙事体对应的概念（史诗epic）进入东亚以后即成为“小说”，巧合的是中国传统书籍分类也有“小说”，于是将子部之“小说”、史部之“小说”以及表演艺术中的“小说”（南宋说话四家有小说，与说经、讲史书等相提并论），统统与西方“小说”对接而进入“文学”。当然，表演艺术不能收录，改为收编其“小说”的话本，又感觉到子部小说、笔记小说等与西方所谓小说相去甚远。百年来，中国小说史研究中概念之争、文体之争、价值重估等至今未息，事实上正是“文学”概念反向格义的结果。

3.2 兼容旧有概念

虽然鲁迅《门外文谈·不识字的作家》（1934）已经指出现代意义上的“文学”一词“不是从‘文学：子游、子夏’上割下来的，是从日本输入”，是“对于英文literature的译名”，但仍有不少学者认为“文学：子游、子夏”的“文学”仍有通向literature的路径。如郭绍虞、兴膳宏等以宋人邢昺疏释《论语》中的“文学”为“文章博学”作依据，认为这表示中国古典的“文学”一词含有“文章”的意涵。这样就打通了“文学”古今两个义项。但是，邢昺这个解释其实是不成立的，这个解释在整个《论语》的注疏史上都是孤例，朱熹在《论语或问》中似乎对此有说明：“程子犹以为游、夏所谓文学，固非秉笔学为词章者，学者尤不可以不知也。”引用程子的话，表明这是一种共识，而意在说明邢昺注释的问题。而且，即使是邢昺这个解释成立，也只能说“文学”在宋人眼中能与“文章”相通而已。博学深思如郭绍虞、兴膳宏等，一定也能发现上述思路的症结，而之所以如此，则在于希望将中国的“文学”概念追溯得更早一些的信念。

其次则将“文学”等同于“文”之学，但是将文学分为广狭二义，如钱基博《现代中国文学史》绪论中先分析“文”之义有三，一为复杂、二为组织、三为美丽，然后说狭义的“文学”专指“美的文学”，广义的“文学”源自孔门四科的文学，举凡律令、军法、章程、礼仪皆是。

再或者将“文学”等同“文”，而取“文”的一个义项，如刘永济《十四朝文学要略》说“文”之一名，涵义至广，“盖文之为训，本于交错，故有经纬之义焉；文之为物，又涵华采，故有修饰之说焉。以道德为经纬，用辞章相修饰，在国则为文明；在政则为礼法；在人则为文德；在书则为书辞；在口则为词辨。五者大小不同，体用无二，所以弥纶万品，条贯群生者，胥此物也。故彦和称文之为德，与天地并生，亦言其围范之广而已。今兹讨论，若本斯旨，则举凡天文地理，物曲人官，胥应涵盖无遗，遑论体例太宽，亦非理势所许。正名定义，要以第六为体，以前五为用，庶几约而无漏于义，要而不违乎本，实文家之首务，而著述之大纲矣”。

诸如此类的解释，说明学者已经意识到当时人们所讨论的“文学”与原有的“文”“文学”等并不相同，但是还要打通新旧之间的隔阂，作了种种迂曲的解释，正是在这些解释的过程中，也重新审视了旧有的概念。

3.3 建构自身历史

“文学”立科以来，“文学史”一直是文学学科的重要教学内容，晚清林传甲、黄人、窦警凡等人参考了日本学者的著作与学堂章程，率先推出了中国文学史著作，这是一种全新的著述体例，所以刘永济说“文学之有专史，征之往籍，不少概见”。据说至今已经有两千多部各类文学史著，形成一个重要的学术现象，即重写文学史。文学史书写同样也是“文学”概念反向格义的方法之一。

我们一般认为史书是对史实的书写记录，以此相推，从而认为“文学史”就是对“文学史实”的记录，或者说文学史书写是建构文学的历史，建立作品与作品、作家与作家之间的联系，尤其是建立它们历时演变的关系。事实上，这种书写活动还隐藏着一种“书写自身”的活动，即持“文学”（literature）概念的相关标准、规范来梳理、建立文学史实的前后演变的关系的同时，也在建构“文学”概念自身，即从历代的文献中抽绎出一个脉络，将“文学”概念本身印刻在中国历史之中，在中国文化、文献的版图中划出自己的区域。如果说，晚清现代学科体系的建立尚是在纸面上为文学谋划区域，文学史著作则是具体划定这个区域。这种划定也是重新理解了中国历史与文化。

大多数文学史著以《诗经》为开端，当然也有很多文学史著从《尚书》甚至甲骨文辞开始讲述，至于“文学”的自觉时代，有魏晋说、两汉说等不同的论争。这些关于文学史起点或分期的讨论，就是以“文学”概念的标准重新梳理中国文化的重要节点。这样理解、阐释中国文化史的方式，在“文学”概念传入之前实在很难想象。当然，这样的阐释流行以后，我们往往不容易察觉它是“文学”概念反向格义的结果。比如讨论“文学”的自觉时代时，往往不太注意鲁迅提出观点的前提是“用近代的文学眼光来看”，然后才是“曹丕的一个时代可说是文学的自觉时代”，这个前提正是前文所说的装置，但是因为文学史追溯时代太早，而掩盖了这个装置本身。

通过文学史的梳理，人们不断总结出中国文学的特色，比如通过比较，人们发现中国缺少西方文学史的史诗，于是不断地从中国文献中寻找足以与史诗相应的诗史，汉文诗歌中实在无法寻得，就转而从少数民族的口传诗歌史中寻找，如蒙古族英雄史诗《江格尔》、柯尔克孜族英雄史诗《玛纳斯》等。当然，这一思路也可以反过来思考，既然中国没有叙事诗，那么就可以自然地提出中国擅长抒情诗，甚至提出“抒情传统”论。这些全新的论述的出现，也是“文学”概念反向格义的结果。

因为涉及的内容庞大，“文学的反向格义”当然无法在这样的篇幅下剖析清楚，不过，希望可以通过“反向格义”这一视角解释学界很多重要的争论之源起，如文论的中西对接问题、文学研究的中国化问题、抒情传统、小说概念等。这里就不一一展开了。

（本文原载于沈国威、奥村佳代子编《文化交涉と言語接触：内田慶市教授退職記念論文集》，东方书店，2021。收录时删去了脚注。）

附　录

掩卷长思 日本的汉语教学研究
——内田庆市教授访谈录

内田庆市教授现为日本关西大学外国语学部教授、关西大学大学院东亚文化研究科教授，兼任关西大学附属图书馆馆长，也是日本中国语检定协会理事长，他致力于汉语教学研究垂四十年，发表论文一百多篇、著作十几部，还有翻译作品若干。在汉语研究领域中独辟蹊径，他强调要从周边看中心，提倡文化交涉学研究。内田教授更是不遗余力推广汉语教学，不但在大学开坛授徒，随着网络教学的发展，他还上网免费教授汉语。孜孜矻矻，又乐在其中，可谓学界劳模。

潘德宝（以下简称“潘”）：内田老师，您学习汉语的最初动因是什么？

内田庆市（以下简称“内田”）：我高中时代对日本国语语言学感兴趣，大学的专业是教育学，希望毕业后能成为一名小学教师，后来的转变是一件很有趣的事。教育学的课程中必须研修汉语作为第二外语，所以大学一年级时慢慢对汉语产生了兴趣。另外，二十世纪六七十年代，全世界都有学生运动，反对权威，随时罢课，这一思潮也影响到了日本，所以很多大学生想了解正运动得如火如荼的中国。因此，我们同学五六个人组织了一个学习班，以毛泽东《在延安文艺座谈会上的讲话》、鲁迅的小说等为材料自学汉语。到大学三年级时，日本学生运动渐渐平息。而我对中国和汉语产生了越来越多的兴趣，决定大学毕业之后在大学院（相当于中国的研究生课程）继续学习、研究汉语，想成为一名汉语研究者。

潘：大学院时代的导师给了您怎样的影响？

内田：我是在大阪市立大学学习，当时日本开设汉语专业的大学只有少数几所，东京大学、京都大学等虽然开设了汉语专业，但近代汉语和汉语教学研究方向仍要数大阪市立大学的实力最强。

我的导师是香坂顺一教授（1915—2003），他是近代汉语和现代汉语教学研究的权威，推动成立了“中国语检定协会”，对日本的汉语教育有很大的贡献，他也是第一批派到中国北京大学的专家，那是1976年。除了在大学教学之外，他还开办汉语的“民间讲习会”。

潘：请介绍一下“民间讲习会”的情况吧。

内田：明治时代以来，日本的官立大学里是没有汉语专业的。

潘：明治时代的东京大学不是有汉文科吗？

内田：那是教汉文，主要是中国传统学问的研究，而不是语言学意义上的现代汉语，教学的内容、方法和目的都不一样。

日本国内的外语教学受明治时代以来脱亚论的影响，主要教授英语、法语、德语，亚洲邻国的语言没有成为大学的专业。当然，二战前，在上海开设的东亚同文学校，培养汉语的翻译人才，那是为战争服务的，是一种特殊的情况。而日本国内的外语教学到二战之前，还只有外语学校和商学校里才有汉语教学，大阪市立大学就是商学校发展而来的。

这是正规学校里的汉语教学情况，但是，在民间却一直有很多的汉语讲习会教授汉语。二十世纪七十年代，当时很多人为了了解中国而开始学习汉语，香坂教授组织的讲习会就是在民间推广汉语教学。我们学生都要去为学习者上汉语课，可以说是一边学一边教，摸索汉语教学法。这种讲习会收的学费很低，跟现在的民间汉语学习学校完全不一样。现在这样的汉语培训学校收费跟英语是一样的。

潘：那么香坂顺一教授对您的汉语研究有怎样的影响呢？

内田：香坂老师每周都在课上举办读书会，主要研读中国当代的小说，阅读原文，翻译成日语，对于不明白的地方，大家相互讨论。他组织的讲习会的名字是“愚公会”，取自“愚公移山”这个典故。后来我博士也是在大阪市立大学读的，跟着导师的方向，研究近代的白话，主要是语法和词汇。

潘：这与您后来的研究方向不同，是否和您在上海的经历有关？

内田：1978年博士课程完成后，我回到家乡的福井大学做专任讲师，研究和教学都是沿着原来的方向。最大的变化是在1987年到1988年，我得到了日本“学术振兴会”的资助，在上海复旦大学做研究。在复旦的导师是许宝华教授，我跟他学习方言研究，所以也学了上海方言。不过，去上海最主要的收获是购书。

那个时候，我几乎每天都坐55路公交车去福州路的书店买书，虽然并不是每天都有新上架的书，但偶尔上架一些好书就很快被人买走了，所以不能错过。后来复旦大学的研究结束回日本时，一共有五十箱书要寄回日本，把四川北路那家邮局的人都吓了一跳。除了福州路的书店外，文庙每周末都有书市，我也都去逛。另外，复旦图书馆也经常把不要的馆藏书拿出来拍卖，都是很好的书，这些书后来成了我研究的重要资料。

潘：我知道您的内田文库里有很多早期汉英、英汉辞典，还有一些传教士编撰的汉语教科书，可能是全世界最全的早期汉语研究资料了吧，这些重要资料才构成您现在研究的方向吧？都是在上海的时候买的吗？

内田：当然，除了上海买的这一些，后来我还每年去欧洲，都会在罗马住上一段时间，寻找早期汉语教科书、辞典等资料。1998年，我又去了哈佛当访问学者，在哈佛的图书馆里找到了很多汉语的资料。

潘：您和沈国威老师整理的《遐迩贯珍》《近代啓蒙の足跡：東西文化交流と言語接触：『智環啓蒙塾課初步』の研究》等书在中国也慢慢地得到了学者的重视，被引用的也越来越多了，可见这些早期传教士的文献还是值得整理发掘的。您和沈老师最近影印出版的邝其照《字典集成》是中国人自己编的最早的英汉辞典吧，如果在中国出版的话，肯定也会引起关注的。

内田：商务印书馆准备出版。这些资料都是很难找的，现在影印出版可以方便大家利用。

潘：除了资料外，复旦大学对您在学术上还有怎样的启发呢？

内田：我当时经常在上海书店里看到一捆包好的书，书店店员说是已经被人买走了的。询问之后才知道，这个买书者正是周振鹤先生。我读过他和游汝杰先生合作撰写的《方言与中国文化》，后来好像还是在书店，我就跟周振鹤先生认识了。认识了之后，他也经常到我的住处来询问每天都有什么收获，他是指我每天都买到了什么好书，他甚至现在都还记得我当时买的书的价格。我们对于近代文献的收藏就是从那个时期开始，后来也一直保持书籍信息的沟通。后来我通过周振鹤先生认识了游汝杰先生、申小龙先生，最早在日本介绍申小龙先生的研究成果的是我。

当时他们的研究很有特点，语言研究和文化研究结合起来，这样就比仅仅做词汇研究要更深入。这一研究思路，我很赞同，我认为单纯就语言研究语言是无法深入的，通过和他们的接触，我也开始了从文化角度对语言的研究。

潘：这可能跟中国八十年代的文化研究热潮有关，记得上海出版了《士与中国文化》《禅与中国文化》等一系列文化研究著作，都应该是这一思潮下展开的研究吧。当时日本没有兴起这样的研究热潮吗?

内田：日本没有从文化角度来研究汉语的做法。日本学者还是继续原来的研究，特别是汉语研究领域，主要还是对原来的汉语白话材料的研究。

当然，我后来也在欧洲认识了意大利的马西尼、德国的朗宓榭等人，还在德国等地召开好几次学术会议。在这些过程中，我的研究方向慢慢地转变，最后以早期西方人的汉语教材为中心，结合西学东渐的过程，展开了近代汉语的历史语言学研究。

潘：研究视野的转变是不是您提出文化交涉学研究角度的原因？不过谈文化交涉学之前，我想了解一下日本的汉语研究有怎么样的历史阶段？有哪些代表性的学者?

内田：汉语研究在整个中国学研究中的力量是比较小的。比如中国学学会中，历史、哲学和文学方面的学者比较多，汉语研究的人很少，这可能是学术史的传统因素，还有就是学术价值观问题。

关于汉语研究，比较有名的是太田辰夫的《中国语历史文法》，现在的学者有佐藤晴彦、平田昌司、古屋昭弘等。

我认为作为外国人，在语感上是无法和中国人相比的，如果和中国学者做一样的研究，那最后的成果也没有办法跟中国人相比。所以一定要与中国学者有不同的地方，这样才能促进学术交流。

潘：后来提出的“文化交涉学”这一课题和“文化交流”研究的不同点在哪里？

内田：文化交流研究一般都是以两个国家、民族为前提展开的，研究的领域也是限定在具体的言语、思想、民族、宗教、文学、历史等学科之中。而文化交涉有两个超越，一是超越国家民族性的研究框架，另一个是超越以往人文科学各个学术领域的研究框架。我们设定东亚这一文化复合体，考察其内部的文化生成、传播、接触和变形等，以多角度的和综合性的观点来解析文化交涉的形态。当然，现在跨学科是一个时髦的方法，但要注意的是，跨学科或者多学科的前提是学术分科，也就是跨学科是要在专业化的前提下进行的。

潘：那么主要的研究方法是什么呢？

内田：从边缘看中心。这里的中心和边缘并不只是地理上的划分，也指学术领域的中心与边缘，汉语研究领域之内也存在中心与边缘这样的关系。同时，要注意的是，我们提倡的“从边缘看中心”这一观点中，中心与边缘并不是固定的，它们可以相互转换。研究中国的问题时，日本和韩国就是边缘；研究日本的问题时，中国和韩国就是边缘。

潘：能举例来说明一下研究方法吗？

内田：比如汉语研究上，需要与其他语言对比，才能更好地把握汉语的特征，就是需要从“边缘”才能观察到“中心”，然后才接下去开展具体研究。现在学术分科越来越细，只能考察一些细小的现象，不能从全局来考虑问题，如果不能从整体特征上把握，就直接谈文法、主语、述语，分析“在”“的”“了”等，可能会存在一些缺点，而研究者自己也无法察觉到。

具体来说，欧美传教士编写的教材、字典等，都是很好的研究汉语的材料。因为欧美人较早建立语言学或者说文法学，作为外国人，他们往往通过与自己母语相对比的前提下来考察汉语，容易发现一些中国人自己不太注意的地方，还有他们的记音方法也比较准确。早期传教士随着传教范围的扩大，他们很早就意识到方言和官话的问题，所以他们的汉语教学、研究活动，虽然好像是很边缘化的东西，但也正是这样，才可以更好地考察汉语的一些中心问题。

潘：这些材料之前没有人注意到吗？

内田：有的。香坂顺一老师、太田辰夫、鱼返善雄、尾崎实诸先生在他们的论著中都注意到了Mateer的《官话类编》、Wade的《语言自迩集》、Wieger的《汉语汉文入门》等资料，并利用这些资料来阐明中国近代的语言特征。当然，他们的研究和我们提出的文化交涉学还是不相同的。

潘：几年前，您在论文里说到“文化交涉学”是一个新的学术领域，现在这一研究得到了怎么样的关注？

内田：首先，我们这个研究科得到了文部省的资助。其次，日本学术界开始关注这一研究方向，如上智大学也开设了文化交涉研究科。另外，韩国和中国也有一些学者开始关注这一话题。我们曾经和复旦大学文史研究院合作举办了一次学术会议，后来出版了论文集《从周边看中国》。学生方面，我们学科现在中国的硕士博士生最多，日本学生大学毕业后一般都直接去工作了，读硕士博士本来就很少。我希望会拉丁语或法国的学生来参加这个研究团体，这样也许更能体现我们的文化交涉学的意义。

潘：刚才谈了您的研究，那么现在说说您的汉语教学吧。能先介绍一下日本现在的汉语学习情况吗？

内田：刚才提到的“中国语检定”是日本比较权威的汉

语能力测试，现在大约每年有六万人参加，而HSK（汉语水平考试）在日本也有两三千人参加，这是非常大的数量。其次，现在汉语是日本最重要的第二外语，第一外语当然还是英语，在我读大学的时代，二外一度流行德语和法语。现在情况已经大不相同了，比如关西大学学生总数有三万人，最近每年都有五六千人选修汉语，最高纪录达到了八千人。另外，考国立大学的统一考试中，外语方面也有汉语可以选择，当然，每年选择英语的人数有十万人左右，汉语才五百人左右，韩语有两百人左右，而法语和德语的各有一百人左右。去年和今年受两国外交和政治的影响，学习汉语的人数略有减少。

潘：除了大学之外，还有哪些地方在教授汉语？

内田：民间的汉语学习机构还是很多的，当然和我大学时代的讲习会已经大不相同，收费也跟英语培训一样。其次，现在很多高中也有汉语教学，全日本约有五百所高中开设了汉语课，而开设法语、德语课的高中并不多。

潘：这样看来，日本学习汉语的人数还是很多的，大家是出于什么样的目的学习汉语呢？

内田：大学里选修汉语，大概是因为汉语比较容易学，至少汉字对日本学生来说比较好掌握。

潘：能谈谈孔子学院在日本的汉语教学情况吗？

内田：日本的孔子学院好像不如欧洲成功，欧洲办得很好。日本只有立命馆、爱知大学等几所大学开展得比较好。

潘：我从您主页上看到，您编写了二十多种汉语教材，有与“中国语检定”相关的教材，有“MAC”上学汉语的教材，等等。您一方面研究早期的汉语教材，现在自己也编写汉语教材，能谈一下日本汉语学习的教材吗？

内田：日本现在的汉语教学水平还不能和英语相比，目前还没有固定的教学法。主要是日本对汉语教学法的研究不够，现在成立了中国语教育学会，情况会好一点。日本人编的汉语教材侧重于学习者，而中国人编的侧重于表现中国的情况，这是比较大的不同吧。另外一个是分量上，日本人编的教材都比较薄，而中国人和欧美人编的教材都很厚，让人看着就不想学了。薄薄的，会让学习者比较有信心。哈哈。我自己编的汉语教材，有机会我们可以更深入地讨论。

潘：谢谢内田老师抽时间来谈这些。

（原载于《书屋》二〇一三年第十期）

周作人的阅读史与发生学

陈文辉《传统文化的影响与周作人的文学道路》（中国社会科学出版社，2015，以下简称“陈著”）考察了周作人前半生所受传统文化的影响及其对待传统文化的态度变迁。学界关于周作人与传统文化关系的讨论并不鲜见，文辉在复旦大学中国古代文学研究中心师从古代文学研究大家章培恒先生，却跨界用力专攻一位现代文学巨子，读者自然要问文辉这部著作有什么特别之处。

这部书是在作者的博士论文基础上修改而成，记得当时答辩会上陈思和教授说，想考察文辉有没有偷懒，就仔细阅读了论文的附录《周作人早期所读传统典籍书目简编（1890—1906）》，原以为只是从大象版《周作人日记》中抄出来就完事，结果看到了文辉在目录学方面扎扎实实的功底，这个目录是现今周作人研究的盲点，是比较新的做法，这打通了周作人人生前后的联系。我也对陈著所附录《周作人早期所读传统典籍书目简编（1890—1906）》（以下简称《书目简编》）极感兴趣，下面就先阐发《书目简编》的价值，并借此介绍陈著的特别之处。

一

陈著附录的《书目简编》以周作人日记、书信及作品中的记录为主要线索，参考鲁迅等人的相关材料，收集了周作人东渡日本留学前所阅读的传统典籍书目，每则书目下列出周作人的购阅信息并解题，共收书目三百七十余种，仿传统目录体例，分成丛、经、史、子、集五部。此一附录占陈著全书篇幅近20%，是作者全书立论的坚实基础，也是周作人研究史的一大进展，将启发今后的周作人阅读史研究。

从周作人研究史看，这份《书目简编》具有填补空白的意义。二周对比是周作人研究的热点之一，关于鲁迅的购书、藏书、阅读，学界已经有了相当全面丰富的研究成果，如北京鲁迅博物馆编《鲁迅手迹和藏书目录》（北京鲁迅博物馆，1957）、日本中岛长文编《鲁迅目睹书目（日本书之部）》（自刊，1986）、何锡章著《鲁迅读书记》（长江文艺出版社，2004）、金纲编《鲁迅读过的书》（中国书店，2011）等。相比之下，关于周作人购书、藏书、阅读的研究成果极少，陈著之前，似乎只有韩玲姬、绵拔丰昭《周作人の購入書籍に関する考察:日本文学を中心に》（《情報メディア研究》2013年总第11卷）一文较为深入，但可惜没有列出具体书目。另有宋亚《周作人所读古书研究》（《图书馆学研究》2008年第7期），就《周作人自编集》所涉及的书籍加以统计和举例说明。因此可以说陈著这份《书目简编》是周作人阅读研究史上的第一次。

这个“第一次”意义重大。周作人研究的重要板块是文献整理，目前已经出版了《周作人自编集》《周作人译文全集》《周作人日记》《周作人俞平伯往来通信集》《周作人致松枝茂夫手札》等，稍进一步的整理工作是分类和编年，也已经刊行了《周作人文类编》《周作人散文全集》等，由这些基础文献延伸出来的文献工作如《周作人年谱》甚至也已经再版了。因为1935年后的《周作人日记》及更多的书信、集外佚文之出版带有一定的偶然性，因此，周作人研究的文献板块似乎已经停滞，或者说周作人研究的文献整理方面已无多少空间了。文辉这次编成《书目简编》，就是在周作人研究的文献整理方面打开了新的局面，我们由此可以进一步期待周作人全部的藏书、阅读目录，这将成为深入研究周作人与日本文化、西方文化关系的文献基础。

周作人是长期生活在书斋中的文人，购书、藏书、读书原是文人生涯中的重要内容，但是因为传记作品的叙事规则带来的天然局限，周作人传记及年谱主要侧重于周作人的交游与创作，而忽视了他阅读史的梳理，实际上有意无意间已经遮蔽了一个文人的日常状态。因此，我们只关注周作人“文抄公”的一面，而忽略了所抄之文，我们关注了周作人的兄弟失和、附敌事伪，而忽视了周作人的发生学研究。陈著这份《书目简编》取材于《知堂回想录》《周作人日记》等，本身就是周作人传记资料的一部分，而通过陈著的排比整理，凸显了文人周作人的重要面向，其意义已经不只是文献整理，更具有传记资料的性质，正与当下的阅读史研究相呼应。

二

阅读史是西方“新文化史”研究的分支之一，主要探索阅读与社会、思想、文化、政治、经济间复杂的互动关系。目前中文学界的阅读史研究，引人注目的话题是晚清中国人读西（新）书，如潘光哲《晚清士人的西学阅读史1833—1898》、张仲民《出版与文化政治：晚清的“卫生”书籍研究》等。在文学研究领域也是如此，如从王国维的西方哲学阅读来理解其

《人间词话》已成一个热点，再如日本学者北冈正子从《摩罗诗力说》考证鲁迅所读的西方和日本的典籍，而李冬木从阅读芳贺矢一《国民性十论》入手，考证鲁迅“吃人”意象与日本明治时代“食人”言说的密切关系，至于根岸宗一郎《周作人留日期文学論の材源について》（《中国研究月報》1996年总第50卷）考察了周作人的新学阅读并推论其知识渊源。

这些研究旨在说明新学西书之于中国现代转型的意义，应该指出的是，在这样的宏大叙事之下，“阅读史”忽视了晚清民国时期文人学者传统典籍阅读的研究，事实上阅读造就了读者，如钱穆在《师友杂忆》中回忆民国初期的阅读经验说：“时余已逐月看《新青年杂志》，新思想新潮流坌至涌来。而余已决心重温旧书，乃不为朝代潮流挟卷而去。及今思之，亦余当年一大幸运也。”阅读展示了读者的知识构成，如龚鹏程《鲁迅对中国小说史的诠释个案研究》（《中国文化》2006年第1期）就通过考察鲁迅的阅读盲点，认为鲁迅把说唱的传统整体切割变造为一个单线的小说史。我认为周作人的阅读史研究也是周作人发生学研究的基础，陈文辉以其所编《书目简编》为基础展示了周作人的成长。

通过《书目简编》经部目录中《十三经注疏》《御撰七经》《东莱博议》《三苏策论》等，我们很快发现周作人早期的阅读受到不少科举的影响。这原是可以想象的，而《书目简编》则提供了文献实证，这当然也是陈著的长处之一。陈著第一章《求学时期（1885—1911）的周作人》指出“纵观周作人的人生观和世界观形成的过程，基本上笼罩在科举考试的制度之下”，还指出“周作人应举之心未死，仍将《诗经》作为‘经’来读”，而且“《诗经》的阅读几乎贯穿了周作人一生”，陈著在阅读史研究的基础上，进一步指出周作人偏爱“悲哀”的风格与偏爱《诗经》中《黍离》《兔爰》等一类作品非常一致，“《诗经》的内容和形式成为他本能的情感表达方式”，“他后来新文化运动初所作新诗《小河》，即烙下《诗经》思想与情感的印记”。

更值得讨论的是关于新文学的源流。周作人寻找可以作为其创作依托的传统资源，建构起晚明越中文人为主导的文学史叙事，以反拨胡适等人的以白话文系统为主导的文学史叙事。而这些传统资源正是《书目简编》所著录的越中文人所撰所编的诗文集，《书目简编》集部特别列出“乡贤著作”一栏，陈文辉在这一栏的解题中引周作人的原话：“在杭州时才十三四岁，得读《砚云甲编》中之《陶庵梦忆》，心甚喜之，为后来搜集乡人著作之始基。”而陈著第四章《寻找新文学源流（1926—1933）的周作人》指出，周作人认为晚明越中乡贤融合了公安派和竟陵派，其中张岱是个中代表。《书目简编》为我们打开了周作人追溯新文学源流的乡土因素，陈著甚至提醒我们，周作人后来编选新文学大系《散文一集》时，带着极为浓重的“吾越”色彩——绍兴籍作家的选文数量较多，也与早年的阅读经验相关。这些足见阅读史研究的意义，也可见陈著附录《书目简编》的作用了。

总之，通过《书目简编》，我们可以寻找到周作人人生前后的联系，早年的传统典籍阅读很大程度形塑了后半期周作人的性情，当我们讨论周作人发生学时，《书目简编》将是必不可少的重要材料。

三

《书目简编》是周作人发生学研究的基础材料，也是中国文学古今演变研究的独特视角。章培恒先生倡导中国文学古今演变研究，而陈著正是以周作人为个案，讨论传统文化对周作人文学道路的影响，陈著将“影响”界定为：“一个人通过接触和阅读传统典籍，从传统文化中获取信息，经过内化而形成具有某种文化类型特性的过程。”

这里应该特别提醒的是，讨论传统文化很容易陷入循环论证。约翰·G.冈内尔《政治理论：传统与阐释》就指出，传统只是一个虚构的神话，是学者用以抨击当代社会问题的一种工具，或是用于阐释当代事物而建构出来的一套说辞，而霍布斯鲍姆则直接称之为“被发明的传统”。在阐释周作人丰富复杂的思想时，我们很容易观照、援引没有严格边界的儒释道思想、概念，实际上就会不自觉地建构、发明一个适合、匹配周作人的儒释道的传统来证明自己的发现。

陈著对“被发明的传统”保持了警惕，为了克服常见的笼统和泛泛而谈的毛病，选择了文献实证的路径。对于一辈子生活在书斋中的周作人而言，他所能接触到的“传统”很大程度上即存在于其所阅读的传统典籍之中，周作人在《我的杂学》中说“小时候看见过的书，虽本是偶然的事，往往留下很深的印象”。所以，陈著考察周作人所阅读的传统典籍作为讨论传统文化对周作人影响的切入点，是比较贴近周作人的。陈著提出传统典籍包含三个层面：一是周作人所细读过并留下记录的某一类别或某一种著作；二是周作人所处时代所能接触到的传统典籍系统，我理解这是指周作人自己未必有记录，但有很大可能读到的传统典籍；三是鸦片战争后社会上发生的新变化并融入原先文化系统中而形成的新传统。因此，其所谓的传统典籍较为宽泛，而且显示出文辉的“传统”并不是一成不变的。因此，《书目简编》成了以周作人为中心的中国文学古今演变研究的最佳切入点。

陈著特别注意到传统文化的召唤力量，如《书目简编》中专门单独列出“乡贤著作”一栏，以彰显乡土文化传统的影响。陈著第二章《归国乡居（1911—1917）的周作人》指出周作人绍兴乡居期间，刻刊《会稽郡故书杂集》，收集清代越人游览记录，盛赞张岱《梦忆》、王思任《文饭小品》、李慈铭《萝庵游赏小志》等，这些近乎风土志的游记，建构着周作人的乡绅意识，培养着周作人的书斋怀旧之思。可见，即使在那个反传统、丢弃传统的时代，传统仍显示感召力量，而传统正存在于日常、习惯之中，尤其是传统典籍阅读之中。而陈著提示我们，中国文学的古今演变真是基于传统典籍阅读，在周作人身上尤其典型！

“抒情传统论述”的省思
——读陈国球《抒情中国论》

一般认为，“抒情传统”是由旅美学者陈世骧发其端绪、高友工踵事增华、一批台湾学者步武其后所建构起来的一个具有范式意义的中国古典文学阐释体系。经过几十年的积累推衍，关于“抒情传统”，既有如柯庆明、萧驰主编的《中国抒情传统的再发现》那样的回顾性论文集，展示诸家的主要成果；也有王德威那样开拓出“抒情”的潜力，力掘其在现代文学中的大用，用以观照台静农的书法、江文也的音乐、胡兰成的礼乐、沈从文的速写；当然也有一些反思性批评，如黄锦树指认这个“传统”是一个现代的“发明”；龚鹏程以“不存在的传统”为题否定陈世骧的判断，还抨击高友工的“美典”为“成体系的戏论”，对“抒情传统”作了釜底抽薪式的批评。

“抒情传统”在台湾已是众说纷纭，迁延流转至大陆，不免变形致歧，更加莫衷一是，使得“抒情传统”这一概念失去了应有的界限。

陈国球《抒情中国论》（香港三联书店，2013）就是在这个弹赞杂沓的背景下推出的。此书是作者研究“抒情传统论述”的第一次结集，但却是基于一系列严谨的考论之作而发展出来的系统思考。如关于陈世骧，陈国球发表过《“抒情传统论”以前——陈世骧与中国现代文学及政治》（《现代中文学刊》2009年第6期）、《陈世骧论中国文学——通往“抒情传统论”之路》（《汉学研究》第29卷第2期）；关于高友工，陈国球发表过《从律诗美典到中国文化史的抒情传统——高友工“抒情美典论”初探》（《政大中文学报》2008年第10期）；关于普实克，陈国球发表过《“抒情精神”与中国文学传统——普实克论中国文学》（《现代中国》第10辑，北京大学出版社，2008）、《“文学批评”与“文学科学”——夏志清与普实克的“文学史”辩论》（《北京大学学报》2011年第1期）；关于朱自清，陈国球发表了《文学批评作为中国文学研究的方法——兼谈朱自清的文学批评研究》（《政大中文学报》2013年第20期）等。同时此书又是其后来所编论文集《抒情之现代性：“抒情传统”论述与中国文学研究》（生活·读书·新知三联书店，2014）的张本（大陆读者可以直接取此本阅读研究。此论文集由陈国球与王德威共同主编，内收陈世骧、高友工、朱自清、闻一多等关于中国文学“抒情”问题的论文二十多篇，分为十一辑，每一辑前有陈国球先生的导读，诸篇导读即《抒情中国论》各章，唯次序有所更张，部分文字略有修订）。

全书依次阐述了闻一多、朱自清、鲁迅、朱光潜、沈从文、宗白华、方东美、陈世骧、高友工、普实克、宇文所安、蔡英俊、吕正惠、叶嘉莹、柯庆明、张淑香、萧驰、龚鹏程、郑毓瑜、黄锦树、王德威等人的“抒情论”。在我看来，这一次序框架实则梳理出了“抒情传统论述”的脉络谱系，并有意无意间回应了很多问难和拓宽了“抒情传统”的视界。本文以《抒情中国论》为主，参照陈国球的相关论著，首先介绍他对“抒情传统论述”谱系建构的贡献，其次阐释这一谱系的学术史意义，最后说明陈国球对其谱系的后设论述立场。

一、“抒情传统论述”谱系的建构

梳理“抒情中国论”的谱系，陈国球最重要的贡献是历史还原、脉络溯源和谱系拓展三个方面。

首先，陈国球重新翻译了陈世骧《论中国抒情传统》一文，为理解陈世骧的“抒情传统论”提供可靠文本。此文原为英文致辞，由杨铭涂译成中文，刊于月刊《纯文学》，杨牧加以修订后编入《陈世骧文存》，成为两岸通行的文本。正因为经过翻译和删改，其中部分细节和行文语气已有所不同，容易引起读者的误解，如龚鹏程《不存在的传统》即据旧译本加以激烈的批评。陈国球重新翻译了此文，并对此文作出恰如其分的评价，认为陈世骧自己对此文的局限有一定的自觉，指出“陈世骧并无意图以‘抒情传统’一语来概括所有中国文学史的现象”，“另一方面，这个概念却颇能帮助中国文学在世界文学版图上作出有意义的定位”。

其次，陈国球考证了陈世骧的学术经历，为重新阐释陈世骧的“抒情传统论述”提供了历史语境。推衍“抒情传统论”者抑或反对者，都聚焦于陈世骧，因为陈世骧在台、港地区文学研究以及北美汉学的影响主要是基于他的中国古典诗歌研究以及“抒情传统”论述，但大家对他个人的学术生涯不甚了了。“陈世骧的文学史观究竟如何形成？他对中国文学史的论述取向有何特色？在通往‘抒情传统论’的路途上，他曾有何种经历？他对‘抒情传统’一说有没有自省反思？”（陈国球《陈世骧论中国文学——通往“抒情传统论”之路》）等问题尚少研究，所以陈国球《“抒情传统论”以前——陈世骧与中国现代文学及政治》考定陈世骧早期所受的学术训练和学术活动，《陈世骧论中国文学——通往“抒情传统论”之路》则着重于陈世骧去美国后的学术发展和兴趣所在，揭示出陈世骧“抒情传统”论述的形成其实具备许多“现代”的元素。

在《抒情中国论》的《原诗原兴：陈世骧》一文中，陈国球详细考论陈世骧“抒情传统”论述的来龙去脉，指出陈世骧学术的重要指向就是“从文学批评切入，以体认中国文学传统的特征为目标”，陈世骧以比较文学和比较文字学来解决“诗”的原始观念，思考诗作为中国文学的早期样式，其进入中国文化意识的过程和意义，再根据“诗”的原始意义，来侦测中国文学传统的特色及其源流变化。而“中国文学传统从整体而言就是一个抒情传统”则是陈世骧的总结。通过这些论述，我们得以进入陈世骧的学术世界，知道了陈世骧不仅仅是一个口号的提出者，还理解了陈世骧提出“抒情传统”自有现代学术史和其个人研究旨趣的合理逻辑。

再次，陈国球追溯了陈世骧“抒情传统论述”的渊源。由陈世骧《中国诗字之原始观念试论》勾连到现代学术史上相关主题的研究，陈国球自然地将朱自清、闻一多的论述也纳入“抒情中国论”来考察，并因此追溯至鲁迅《摩罗诗力说》、陈独秀《文学革命论》和周作人《中国新文学的源流》中关于“抒情”的论述，指出朱自清、闻一多两人的论述“为‘抒情传统’论规划了方向和范围”（陈国球《抒情中国论》第32

页）。另外，还将陈世骧北大时期的老师、朱自清春晖中学的同事朱光潜纳入这一谱系来考察，因为朱光潜与高友工的“论述基点实在有相当程度的契合”（陈国球《抒情中国论》第44页）。

最后，陈国球拓展了“抒情传统论述”的谱系。除了闻一多、朱光潜、朱自清外，还有鲁迅、沈从文、宗白华、方东美，以及在西方文学传统中滋育成长的学人如普实克、宇文所安等的“中国文学抒情传统论述”。这里需要作一点说明，黄锦树《抒情传统与现代性》提出“抒情传统‘发明’说”时，增加了徐复观、牟宗三、方东美、宗白华、唐君毅、胡兰成、沈从文、汪曾祺等可以联系的线索（陈国球《抒情中国论》第185页），王德威《“有情”的历史——抒情传统与中国文学现代性》架设了一个极为宽阔的现代场景，讨论了沈从文、普实克和陈世骧的“抒情传统论”，提议在革命、启蒙之外，以“抒情”为现代文学的又一面向（王德威《“有情”的历史——抒情传统与中国文学现代性》，《中国文哲研究集刊》2008年第33期），虽并非专门针对“抒情传统论述”而有意拓展其谱系，但也应该为陈国球拓展谱系提供了参考。

以陈世骧为中心，因枝振叶，沿波讨源，陈国球建立起中国现代文学研究史上“抒情传统论述”的谱系。那么，这个庞大的谱系，其意义何在？

二、“抒情传统论述”谱系的意义

陈国球虽然没有直接宣称要建构“抒情传统论述”谱系，但从章节结构看，《抒情中国论》的确形成了一个庞大丰富的“中国文学抒情传统”的论述谱系，甚至可以说一个“中国文学研究史”的宏大叙事呼之欲出。

但是，这个谱系与一般的表述是有差异的。比如颜崑阳认为：“中国文学‘抒情传统’的论述，由旅美汉学家陈世骧教授于一九六〇年间提出之后，近半世纪以来，接续的论述非常多；高友工、蔡英俊、吕正惠、柯庆明、张淑香、龚鹏程、郑毓瑜、萧驰、孙康宜、林顺夫、宇文所安（Stephen Owen）、浦安迪（Andrew Plakes）等，名家辈出，俨然建构了一个论述谱系。”（颜崑阳《从反思中国文学“抒情传统”之建构以论“诗美典”的多面向变迁与丛聚状结构》，《东华汉学》2009年总第9期）萧驰在《中国抒情传统的再发现》（台湾大学出版中心，2009）一书的《导言》中同样推重陈世骧、高友工的开创之功。黄锦树也说：“关于抒情传统，众所周知，大致而言是起源于旅美的陈世骧教授的《中国的抒情传统》，及数年后高友工的进一步理论化，对台湾中文学界产生了巨大的影响。”（黄锦树《作为离散论述的抒情传统：读王德威〈现代抒情传统四论〉》，《中外文学》第41卷第3期）王德威也称“陈、高两位教授所引领的‘抒情传统’研究从八〇年代起在台湾开花结果”，“柯庆明、吕正惠、颜崑阳等教授梳理抒情源流，蔡英俊、张淑得、廖栋樑、龚鹏程等教授思考，甚至辨难抒情理念”（王德威《诗与物》，即郑毓瑜《引譬连类：文学研究的关键词》序言，联经出版公司，2012）。龚鹏程激烈的批评文章中也认同这一脉络，指出陈世骧提出的“抒情传统论”经高友工、吕正惠、柯庆明、郑毓瑜等人不断推进，形成极具综摄力之解释系统（龚鹏程《不存在的传统：论陈世骧的抒情传统》，《美育学刊》2013年第3期）。身经其役者所描述的这一谱系，也为大陆学者所接受，如张节末《中国美学史研究的新途之一——海外华人学者对中国美学抒情传统的研寻》（《江西社会科学》2006年第1期）、沈一帆《台湾中国抒情传统研究述评》（《华文文学》2011年第1期）、刘毅青《作为文化认同的抒情美学传统》（《中国文学研究》2011年第4期）等。

陈国球的谱系显然与此不同。首先要指出一点，陈国球让我们关注在陈世骧之前的闻一多、朱自清、朱光潜等人的论述，为陈世骧的“抒情传统论述”增加先导，粗读之下，好像陈世骧的工作只是在闻一多、朱光潜、朱自清等人的基础上“后出转精”，似乎在一定程度上消解了陈世骧在“抒情传统论述”谱系中的意义和作用。实则非是。陈国球仍非常推重陈世骧的“首揭”之功，认为陈世骧1971年美国亚洲研究学会比较文学讨论组致辞《论中国抒情传统》是其“心源求索之总结”，“在中国文学研究上划出一条重要的航道”（陈国球《抒情中国论》第9、83页），指出陈世骧“抒情传统论”的巨大影响力，“数十年来，有不少著述认同‘抒情传统’之说，甚至以之为不辩自明的论述前提”，“事实上，这个论述系统也显示出强大的诠释能力，于中国文学史或比较文学研究，贡献良多”，“及至晚近，此说之潜力续有发挥，应用范围更由古典文学延伸至现当代文学的研究”（陈国球《“抒情”的传统——一个文学观念的流转》，《淡江中文学报》2011年第25期）。同样，作者也非常尊敬高友工的尝试，认为高的论述“确乎体系严整，理论深曲”，“界划和厘清‘抒情传统’‘抒情精神’和‘抒情美典’几个相关观念的层次和范围”（陈国球《抒情中国论》第98—101页）。

第二，相较一般的论述，陈国球的谱系将陈世骧置于中国现代学术史的脉络来考察。从闻一多、朱光潜等人迄陈世骧，他们的关怀十分相近，朱光潜说“做抒情诗，中国诗人比西方诗人却要高明些”，闻一多说“从西周到春秋中叶，从建安到盛唐，这中国文学史上两个最光荣的时期，都是诗的时期”，到了陈世骧笔下，“则更是整个中国文学传统的荣耀所在”

（陈国球《“抒情”的传统——一个文学观念的流转》）。因此，旅美的陈世骧的“抒情传统论”并不只有一个“比较文学”的理路，陈国球为我们揭示了陈世骧和高友工心目中的“抒情精神”是两个方向的复合体：一是中国传统“诗言志”加上“诗缘情”的概念，另一是西方由“抒情诗”传统所发展出来的抒情意蕴（陈国球《抒情中国论》第110页）。

甚至我们还可以借此谱系进一步思考。陈国球《抒情中国论》的《歌诗言志：闻一多、朱自清》指出，朱自清《诗言志说》将周作人的术语推翻，区辨“言志”与“抒情”，才规划了“抒情传统论”的方向和范围（陈国球《抒情中国论》第31页）。不过，周作人所使用的批评术语“言志”与“载道”，严格来说，与传统意义并不十分吻合，周作人《中国新文学的源流》的“言志”与“载道”，用他自己在第三章中的话来说，也即是“思想”与“情感”之分。这很可能是来自日本明治时期太田善男《文学概论》的影响，因为这部周作人留学时期最为流行的文学概论中，也是同样将“文学”分为“纯文学”与“杂文学”，同样分别对应着“情的”与“知的”。因此，我们是否可以进一步思考“抒情传统”是否可以置于东亚现代学术思潮中来观察？至少，陈国球为我们开辟了一个新的思考方向。

第三，陈国球的“抒情传统论述”谱系扩大了“抒情传统”在学术话题中的地域尺度。在追溯陈世骧的学术渊源时，考证了陈世骧的学术交往圈和学术话题的脉络，但陈国球并不特别强调师承渊源，比如他承认高友工“究竟有没有直接受过陈世骧的影响，实在不得而知”（陈国球《抒情中国论》第90页）。所以陈国球这个谱系包括了普实克、宇文所安等远方的声音，还包括了叶嘉莹，认为她虽然不是“抒情传统”的吹号手，但其重视“兴发感动”，又以“境界”说为理论的主要资源，应该会认同“抒情传统”这个论述方向（陈国球《抒情中国论》第146页）。可以说，陈国球的谱系在时间上几乎已经涵盖了整个现代学术史，同样，地域上也不再囿于台湾一岛，而前引颜崑阳、龚鹏程、萧驰、黄锦树等人，仅将“抒情传统论述”视为台湾学界的贡献，当然显示出了台湾学者对这一学术话题的推动，但同时在一定程度也限制了后来者观察的视野。陈国球的谱系很具有统观大陆、台湾以及海外的中国文学研究界的意味，显示出作者贯通不同学术社群的努力。

第四，陈国球的“抒情传统论述”谱系还提供了一个后设的论述立场。一般对“抒情传统论述”的反思，着力从自然化的角度来讨论抒情传统，即中国文学史上是否的确有一个“抒情传统”存在，若有，则这一“抒情传统”在文学史上有哪些表现；若无，则此一“抒情传统论述”的逻辑、尺度等的问题何在。论者是丹非素，断断争辩，完全关注“抒情传统”之于

"中国文学"的真实性与合理性。陈国球则有一个变化的过程，他在《抒情中国论》的《自序》中说：

"抒情传统"一词之于我，看来是不辨自明的，然而，当我把"中文系"或"中国文学"看作一个历史问题之后，石头开始变回石头，我开始问"为什么"：由"为什么中国文学是一个抒情传统"，问到"为什么我们说（再进而'为什么有人说'）中国文学是一个抒情传统"。

在我看来，他所说的"为什么中国文学是一个抒情传统"是一种将"抒情传统论述"自然化的思考方向，虽然"为什么有人说中国文学是一个抒情传统"与前一问题密切相关，但关心的重点和方向则完全不是一个层面。他关注不同学者论述的立场与位置，关注他们发言的方式和渊源，即从历史化的角度来观察"抒情传统论述"，他一一还原"为什么有人说""这些人说了什么"，我认为最终成果就是作者梳理出来的这一"抒情传统论述"的谱系，这正是源于他的后设论述立场。

三、"抒情传统论述"谱系的省思

陈国球的后设论述立场对于省思一些质疑"抒情传统"的论述颇有启示意义。对于"中国文学传统从整体而言就是一个抒情传统”的质疑，有两种批评极为有力：一是对“传统”的解构，如黄锦树根据霍布斯鲍姆、兰格的《被发明的传统》中对“传统”的解构思路和方法，认为“抒情传统”是被发明出来的，陈世骧建构了一个传统的起源，并凭借所建构的“起源”来确认其本质，以及该本质存续的合理性（黄锦树《抒情传统与现代性：传统之发明，或创造性的转化》，《中外文学》2005年第2期）。二是对“抒情”的质疑，因为陈世骧是从比较文学的角度凸现“中国文学”的荣耀所在，而中西对比的论述模式会有以西律中的弊病。龚鹏程历来对这套模式持反对态度，他也因此批评了鲁迅、陈寅恪、费孝通等人的相关论述，基于相同的思路，他指出陈世骧“以西方抒情诗这一类型来看待中国诗，谓中国诗即具有此抒情之特质”，“是第一个大问题”，“中国传统诗人与诗论在讲诗与情的关系时，一般很少说‘抒情’，通常使用的词汇是‘缘情’‘诗咏情性’‘诗本性情’或‘性灵’等等”（龚鹏程《不存在的传统：论陈世骧的抒情传统》，《政大中文学报》2008年第10期）。

相对于黄锦树对“传统”的解构和龚鹏程对“抒情”的质疑，陈国球省思的方向在于“中国文学”：

中国的诗词歌赋或者骈体散行诸种篇什，以至志怪演义、杂剧传奇等作品，本就纷陈于时间轨道之上；集部之学亦古已有之。然而，以诗歌、小说、戏剧等崭新的门类重新组合排序，以“文学”作为新组合的统称，可说是现代的概念。亦只有在这个“现代”的视野下，与“西方”并置相对的此一“中国”之意义才能生成。于是“中国”的“文学传统”就在“西方文学传统”的映照下得到体认，或者说，得以“建构”（陈国球《抒情中国论》第10页）。

这段表述他在2004年12月1日香港浸会大学中文系主办的“名贤讲席——中国古典文学研究前沿的思考”国际学术研讨会上提过，在《“抒情”的传统——一个文学观念的流转》一文中也提过，另外，对于“文学”概念的省思，他甚至还出版了《文学如何成为知识？》（生活·读书·新知三联书店，2013），追问“文学”的起源。

的确，中国现代意义上的“文学”概念肇始于晚清，并非古已有之。“文学”概念包括词汇层面、学科体系、文体范畴、意识形态等诸多内容，其成立的过程这里无法展开说明，简单引用前人的说法来印证。梁启超《格致学沿革考略》（1902）在说明一系列新学时，顺带提到了“文学”并非古已有之：“吾中国之哲学、政治学、生计学、群学、心理学、伦理学、史学、文学等，自二三百年以前，皆无以远逊于欧西。”显然，这里并不是指语词层面的“文学”出现很晚，因为它早在《论语》中就出现过，梁启超这里是指作为现代知识、概念体系、意识形态重要一环的“文学”，时至清代才进入中国，虽然对于“文学”概念输入中国的具体时间语焉不详，但他明确指出了“文学”并非古已有之。钱锺书《评周作人的〈中国新文学的源流〉》（1932）同样印证了“文学”概念并非古已有之：“在传统的批评上，我们没有‘文学’这个综合的概念，我们所有的只是‘诗’‘文’‘词’‘曲’这许多零碎的门类……‘诗’是‘诗’，‘文’是‘文’，分茅设蕝，各有各的规律和使命。”周作人提出“文以载道”和“诗以言志”是中国文学史上互相起伏的两派，钱锺书于是在这篇书评里指出“诗以言志”和“文以载道”原是并行不悖的，因为诗和文之上并没有一个上位概念“文学”。

“文学”这一概念肇始于十九世纪，中国并不是孤例，而是东西文化交涉中的同步现象。日本学者铃木贞美《日本の“文学”概念》《“日本文学”の成立》等著作都指出，日本现代的“文学”概念形成于明治时期（1868—1912），此前和歌、物语、俳谐、戏作之类并未被称为“文学”，也没有人将它们视为同一范畴的文类。而且这种情况并非东亚独有，“文学”在西方也并非古已有之，如英国学者伊格尔顿也曾指出：“我们自己的文学定义是与我们如今所谓的‘浪漫时代’一道开始发展的。‘文学’一词的现代意义直到19世纪才真正出现。这种意义上的文学是晚近的历史现象：它大约是18世纪末的发明，因此乔叟甚至蒲伯一定会觉得它极其陌生。首先发生的情况是文学范畴的狭窄化，它被缩小到所谓‘创造性’或‘想象性’作品。”（特雷·伊格尔顿著，伍晓明译《二十世纪西方文学理论》，陕西师范大学出版社，1987，第20页）请特别注意“发明”一词，“文学”是浪漫时代的产物，它在近现代有本质属性，人们规定它是“创造性”或“想象性”的作品；伊格尔顿只说十八世纪末，而美国学者乔纳森·卡勒（Jonathan Culler）的界定则更为具体：“现代西方关于文学是富于想象的作品这个理解可以追溯到18世纪末德国浪漫主义理论家那里，如果我们想得到一个确切的出处，那就可以追溯到1800年，一位法国的斯达尔夫人发表的《论文学与社会建制的关系》。”（乔纳森·卡勒著，李平译《当代学术入门：文学理论》，辽宁教育出版社，1998，第22页）

那么，既然中国“文学”起源如此之晚，为什么中国“文学史”却又如此之悠久？在我看来，所谓“中国文学”或“中国文学史”是以现代概念的“文学”来“反向格义”中国历史上的文献、书写、知识和思想的结果。“反向格义”就是用外来文化中的观念和术语去解释、研究本土旧有的概念的一种方法。刘笑敢《老子古今》一书《导论二》的第九节《格义与反向格义》提到了“反向格义”，文章表明这是刘笑敢在哲学研究中提出的一个新的说法，但是关于“反向格义”的观察则早已存在（刘笑敢《老子古今》，中国社会科学出版社，2006，第68页）。“文学”是一个笼罩性的概念，一旦使用这个概念，或进而讨论其传统时，就处于一种现代状况之中，就进入了这个现代概念的装置，而这个装置与现代民族国家的确立息息相关（柄谷行人著，赵京华译《日本现代文学的起源》，生活·读书·新知三联书店，2003，第12页）。

也正是这个理由，陈国球这样思考龚鹏程的批评：“我们可以注意到龚鹏程所倡议的新思考点，其实与朱自清、朱光潜，以至陈世骧、高友工等开出的思路有着共同的基础，属于‘语言的转向’的‘现代性’大浪潮底下的见解。”（陈国球《抒情中国论》第171页）陈国球一再提醒我们注意，“抒情传统”论述是在现代意义上的“文学”或“中国文学”这些概念装置中的论述，他说，“即使被肯定为中国文学所擅长的‘抒情诗’，却不是中国原有的观念；中国传统的文体论述中并不曾有过等同于‘lyric’的‘抒情诗’或‘抒情体’的词汇。换句话说，‘五四’以还的文学论述，是在西方现代文学观念流转过程中进行”，“中国‘抒情传统’与西方浪漫主义定义的‘抒情’有所不同，但却不一定与西方整个抒情谱系有绝对的差异。中国文学传统的‘抒情精神’本来就很丰富；然而，以其为中国文学传统主要特色，却是西方的‘lyricism’观念流转到中国以后才渐次萌发的思想”（陈国球《“抒情”的传统——一个文学观念的流转》）。

这里可以补充一则著名材料，以为读者理解“流转”之一助。许寿裳《亡友鲁迅印象记》中提到鲁迅与章太炎关于文学定义的一次争论：

> 章先生问及文学的定义如何，鲁迅答道：“文学和学说不同，学说所以启人思，文学所以增人感。”先生听了说：“这样分法虽较胜于前人，然仍有不当。郭璞的《江赋》、木华的《海赋》，何尝能动人哀乐呢。鲁迅默然不服。”

章太炎在《文学论略》（1906）是已经认为“学说、文辞所以异者，学说在开人之思想，文辞在动人之感情”的划分方式，是“一偏之见”。而黄人《中国文学史》中定义文学时也认为：“文学可分为二种类：（一）知的文学，（二）情的文学。而美之文学属于后者，以感情为最精之本质……知的文为分析的，情的文为会意的。”（黄人《黄人集》，上海文化出版社，2001，第356页）甚至前面所引周作人《中国新文学的源流》中“情的”“知的”之分也可以归为这一情况。

一般认为章太炎的文学定义“以有文学著于竹帛，谓之文，论其法式，谓之文学”是出于小学家的积习、诸子学或经学家的歧见，其实是错误的认识。章太炎的文学定义其实是来自日本学者涩江保的论述，涩江保的论述则是来自英国学者Richard Jebb的《希腊文学》（*Primer of Greek Literature*，1877），也即章太炎的文学定义也是现代文学概念这一装置的一种表现，只不过这种观念在明治中期较为流行，而到了明治中后期，则是另一种声音。

鲁迅的文学概念与明治中后期的文学概念相同，将“知的文学”“学说”排除出文学的范畴，如1898年出版的《ことばの泉》在“文学”的释义下特意注明“相对于科学”，而其释义则为：“用具有普通知识的人能明白的文言，给他们以精神上的快乐的学问。诗学、修辞学之类。”排除了那些专门的著述，强调要娱乐“国民”“最多数”“尽可能多的人”，即意在排除那些如医学、物理学、化学等专门学科的著作，即是此一时代中的产物。坪内逍遥《美辞论稿》（1893）在定义“文学”时指出，应该除去法律书、医学书、关于戒律之书、关于祈祷之书，总之应该将专门之书排除出“文学”的范畴，“即，除去以严密而称的科学书籍”（逍遥协会编，《逍遥选集第十一卷》，第一书房，1977，第13页），坪内逍遥在其《文学入门》（1904）已经发展出“纯文学”的概念了（《逍遥选集第十一卷》，第176—177页）。“抒情”成为“文学”的标准之一。这是“文学”概念在东亚形成之初的情形，关于“增人感”“情的文学”等表述，与“抒情传统”当然差异极大，这正是“流转”的表现。这些，当然是题外话。

总之，陈国球提醒我们注意“中国文学”是一种现代的装置，而“抒情传统”是在这个装置内部的一种论述。所以他的“抒情传统论述”谱系不上溯至前现代，是极为严谨而高明的。

从陈国球的学术经历看，其《文学史书写形态与文化政治》（北京大学出版社，2004）响应二十世纪八十年代以来大陆学界“重写文学史”的学术思潮，而此《抒情中国论》则投入二十世纪七十年代以来台、港及海外中国文学研究界聚焦的“抒情传统论”。这两大学术话题分别肩负着各自学术区域的精神诉求和文化使命，作者“在香港读文学”，而学术视野博综两岸、兼涉海外，可见气象之大。在具体的论述之中，作者考镜源流，言必有据，又以后设立场辨章学术，极具反思的自觉，透视了“抒情传统论”的诠释能量。

《香港的抒情史》与文学地理的开拓

一

陈国球的新书《香港的抒情史》（香港中文大学出版社，2016）共三辑凡十五篇文章，冠以此题后，原本是在不同场合下的言说，竟聚合出别有会心的微言大义。陈国球长期致力于“文学史书写”研究，著有《文学史书写形态与文化政治》（北京大学出版社，2004），主编过《书写文学的过去：文学史的思考》（麦田出版股份有限公司，1997），近来又主编《香港文学大系1919—1949》。因此，将《香港的抒情史》视为“香港文学史论”也未尝不可，毕竟此书诸文所论涉皆为“香港文学”，如所收录的《香港文学大系1919—1949》总序以及《香港文学大系1919—1949·评论卷一》导言，在此书中颇具纵观香港文学史的意味，至于评《书写浮城》、论李碧华、解《帝女花》、释《客途秋恨》等文，又具有香港文学个案研究的意味。经纬交错，自可视为建构香港文学正史的初步工程。

陈著持论入情入理、入筋入骨，有所弹赞批驳，则守己有度，伐人有序。如刘禾指摘赵家璧主编的《中国新文学大系》（后简称《大系》）“是一个自我殖民的规划”，证据之一是《大系》按照“小说、诗歌、戏剧、散文”的文类形式四分法组织“所有文学作品”，而这四种文类是英语“fiction”“poetry”“drama”“familiar prose”的对译，《大系》把这种西方文学形式“翻译的基准”“典律化”，即视西方为“中国文学”意义最终解释的根据地。陈国球则指出刘禾这个论断是非常过度的诠释，首先是因为西方的文学论述传统没有以“小说、诗歌、戏剧、散文”的四分法来统领“所有文学作品”，现代中国的“文学概论”式的文类四分法是一种糅合中西文学观的混杂体，而且这四分法在《大系》出版以前传播已久，因此不宜污名化地诠释《大系》，“如果采用同样欠缺同情关怀的批判方式，我们也可以指摘那些拒绝参照西方知识架构的文化人为‘自甘被旧传统宰制的原教主义信徒’”。至于内地出版的几种文学史对“香港文学”的描述充满了偏见与误解，陈国球在书中一一加以解剖，这部《香港的抒情史》颇有正误纠偏之功。

陈著又长于文献考据，如《中国文学史视野下的香港文学——“香港”如何“中国”》附录了《1979—1998年〈读书〉所见有关香港文章目录》，为评论内地此一时段的“香港文学观”提供了佐证。《“选学”与“香港”——香港小说选本初探》一文附录《香港文学的选本》，收录了1959年至2007年的香港新文学选本书目，为其所论提供了坚实的基础。似乎写这些文章时，作者都先进行了资料长编。再如《中国文学史视野下的香港文学——“香港”如何“中国”》一文中，爬梳了自二十世纪六十年代以来零星言说中提及的“香港文学”，认为二十世纪八十年代开始，“香港文学”才渐渐成为文化人和学界的议题，闲中着色，倍见精神。这样的“香港文学”概念史，很有无一字无来历的考究之感。

置陈著于一系列香港文学史论著中，自是熠熠生辉，相较内地出版的几种文学史中的“香港文学”论述，陈著的确令人神往，让我们知道了内地学界对香港文学的种种误解，让我们了解了香港文学的百年历程。不过，我认为陈著的长处并不仅仅在于订正了若干误解与建构香港文学的正史。

二

陈著的佳处还在于“抒情”。这里的抒情自然是指“抒情传统”。关于“抒情传统”，陈国球近十来年已经有一系列的论文发表于台湾和大陆的学刊上，在海内外的抒情传统论者中别具一格。

自1971年旅美学者陈世骧提出“抒情传统论”以来，很多学者将此一论述“自然化”，“抒情传统”成为研究中国古典文学的一个基本预设，甚至由一种论述而变成一个事实，这很像内藤湖南所提出的“唐宋变革论”在史学界的现状。王德威、李欧梵等人又将“抒情传统论”引入现代文学研究领域，相较于以往“现代性”追问中隐含着中国现代文学的“中外”视角，“抒情传统论”则突显出“古今”的联系，更丰富了中国文学古今演变研究。在这些“自然化”的立场外，当然也有一些反思性批评，关于此类批评，前文已有过论述，此处不再赘言。

众说纷纭之中，陈国球则重新思考“中国文学”，指出“文学”是一个现代的概念（在《香港的抒情史》中还指出“文学批评”也是一个现代知识架构中的概念），也正是在这个“现代”的视野下，与“西方”并置相对的“中国”之意义才能生成，于是“中国”的“文学传统”就在“西方文学传统”的映照下得到体认，或者说，得以“建构”。在这样的“中国文学”认识下，他重建了“抒情传统论述”的谱系，以后设的立场论述了“抒情传统论”的历史。

《香港的抒情史》所收《放逐抒情——从徐迟的抒情论说起》一文就是这一类型的研究。1939年徐迟发表《抒情的放逐》一文，招致陈残云、胡风等人的抨击。陈国球《放逐抒情——从徐迟的抒情论说起》一文分析了徐迟及当时文艺界对“抒情”的理解，又以评论卞之琳《慰劳信集》为中心，将徐迟、穆旦、陈世骧等人的“抒情观”作了比较，指出“陈世骧与徐迟都看到‘抒情’的意义，即使在战时。由是，徐迟又何需‘放逐抒情’呢？再者，‘情’之转注流动，本就能适时应变；这样，又何需强调‘新的抒情’呢？或者可以说：‘抒情’可譬诸日月，虽终古常见，而光景常新；而‘抒情传统’，应该是一个动态的传统，一个活的传统”。摘出一般抒情传统论者不太注意的徐迟，发掘出现代学术史上关于“抒情”在某些时间节点上可能的进路，如果用以比对观照陈世骧的“抒情传统论”的渊源，徐迟很具有标本意义。但是，这样以后设立场阐释“抒情”本身，展现作者一贯研究思路的论述，在《香港的抒情史》中仅此一篇，我们只能期待作者早日将相关论述结集出版，一睹为快。

三

我认为本书最值得介绍的是“文学地理”研究的开拓。“文学地理”研究历史颇久，如刘师培《南北文学不同论》、汪辟疆《近代诗派与地域》等，早已发其端绪，但受到地理决定论的影响，早期的文学地理研究者，往往以为某地的地理风貌与文学特征形成一种紧密的关系，如北方土厚水深，民尚实际，其文也厚重，而南方水势浩洋，民尚虚无，多有屈宋之遗风云云，这自然在逻辑上不能自洽。二十世纪八九十年代以来，“文学地理”研究开始关注“区域”，出版了多部区域文学史，也有学者沿着唐圭璋《两宋词人占籍考》的方向，做了文学家的地理分布研究，这些研究不再坚持地质地貌与文学风格的关系，转而论述区域文化与文学的关系，所论较民国时期有所进步，但是同样也留下了不少问题。自城市研究兴起，文学作品中的城市书写一度广受关注，但对文学地理研究并没有多少推进，因为这些研究秉持“反映论”的思路，实则将文学作品视为史料而已，排比考索，徘徊在真实与虚构之间，其重点在于城市，而非文学。

《香港的抒情史》虽不是专门的文学地理研究之作，但作者还是为文学地理研究提供了一些工具性的概念，最值得揭出的是“地方感”。这是段义孚所倡导的人文地理学中的一个重要概念。这一派学者认为我们所处的“空间”（space），会因为我们赋予其特殊的意义而转成我们的“地方”（place）。故此“地方”除了是物理上或者地志上的定点空间外，还是身处其中的人寄寓其情感、记忆、信念，以至相应的态度行为之所。“地方感”体现的是人在情感上与“地方”的深切联结，是人与环境互动的产物。从文学地理研究的角度看，相较于“环境决定论”和“反映论”，“地方感”侧重于人地之互动，很具有超越前两者的学术史意义。从“抒情传统”的研究史看，“地方感”为“抒情”的发生机制提供了新的视角，我们甚至可以联想到“登高赋诗”“江山之助”“登山则情满于山，观海则意溢于海”等传统文论也可由此得到新的阐释。

《香港的抒情史》中直接以“地方感”为关键词的论文是《抒情 在弥敦道上——香港文学的地方感》，此文以鲸鲸《弥敦道》（2001）和华盖《弥敦道抒情》（1964）两个文本为中心，说明同样抒情于弥敦道，但因所站立的时空位置不同，其间的感情结构就有了差异，“华盖因应‘现代性’而对‘抒情’的内涵有所开拓或者改造，从而建立当下的‘地方感’；而鲸鲸则以‘抒情’接通往昔，重构已属过去的‘地方’，从‘地方感’的历史维度以抗衡‘现代性’的侵逼。这两种抒情的态度，都具有转化的力量，足以把‘过去’‘现代’，以至‘未来’的弥敦道，或者任何我们厕身的‘空间’，打造成属于我们的‘地方’”。《书写浮城的文学史——论叶辉〈书写浮城〉》一文指出，随着本土意识的改变、转向，香港文学史的书写可能也会以不同的方式传述流播。这自然也注意到地方意识与书写之间的互动，书中部分文章借由文字来展示香港风貌，似乎是上面提到的那种城市研究中“反映论”的表现，其实行文论述中，作者一直重视“地方”与“书写”之间的互动，强调“地方感”。

四

《香港的抒情史》为文学地理研究提供了另一个重要的工具性概念，是“地方意识”，作者还将“地方感”和“地方意识”作了区分。“地方感”的重点在于认同与投入，而不在乎畛域的界划；“地方意识”主要性质在于区隔，厘清“人（他者）我（主位）”之别。“地方意识”这个概念当然不是作者首先提出来的，但这个区分很值得文学地理研究者继续深入，尤其对“区域文学”的研究很具有参考意义。

区域文学所论涉的作家、作品应如何限定，实在是一个大的问题。如台湾有学者将张爱玲视为台湾文学的一家，就曾引起很大的质疑。事实上，中国文学史上文人往往不能固定在一个区域之内，其迁移、散离之频繁，几乎可与文学史相始终，因此限定、定义范围成了区域文学研究的基础工作。《香港的抒情史》界定了“香港文学”的范围，也许这是第一次提出较为完整合理的“香港文学”范围。作者指出“香港”属性从来就是流动不居的，香港这一文化空间可以容纳某些可能在别的文化环境不能容许的文学内容或形式，或者促进文学观念与文本的流转和传播。“香港文学”应该是与这一文化空间形成共构关系的文学。提出“香港文学”应与“在香港出现的文学”有所区别，制定了一些具体可感的标准，如若“香港文学”所论涉的作家“在一段相当时期内”居住在香港，其作品是否发表在香港的出版平台倒不可一例，受众、读者主要是在香港，而又对“香港文学”发展造成影响的作品也视为“香港文学”。这些惬心贵当的标准自可作为其他区域、地方文学研究的参考。

如果说《中国文学史视野下的香港文学——“香港”如何“中国”》《台湾视野下的香港文学》两文在很大程度上反映了作者自己的“地方意识”，那么《书写浮城的文学史——论叶辉〈书写浮城〉》《诗里香港》《文学评论与“畸形香港”的文化空间》《承纳中国，建构虚幻——香港的现代文学教育》《“选学”与“香港”——香港小说选本初探》等文大多以后设的立场分析所论涉诸文的“香港意识”，如《诗里香港》中港督金文泰诗中的帝国殖民主义视角物化了香港。二十世纪三十年代香港诗中的“维多利亚城”与资本主义大都会形象相吻合，引起文人不少的感喟。二十世纪七十年代充满冷漠的现代城市里，以也斯为代表的香港本土文学家们，捕捉城市物象的形与色，隐含着对“我城”的反思。

综观全书，借由作家、作品所体现地方意识，打破了读者对香港“文化沙漠”“东西文化混杂”等的刻板印象，“香港很文学”呼之欲出。

《真腊风土记》·陈正祥·夏鼐

《真腊风土记》的作者周达观，自号草庭逸民，浙江温州人，他于元成宗元贞元年（1295）奉命随使赴真腊（今柬埔寨），次年至该国，居一年顷始返，周氏身经目击，见证了吴哥文化的繁盛。此书全文约八千五百字，翔实生动地记述了真腊的风土国事，最后还意外地成为记载当时该国的唯一书面史料，但长期以来，在中国的学术史、地理志史上没有得到应有的重视。也许因为经略柬埔寨的需要，近代法国汉学者非常重视此书，1819年雷慕沙（A.Rémusat）曾将此书翻译成法文；1861年亨利·穆奥（Henri Mouhot）凭着此书，于丛林之中重新发现了吴哥遗址；1902年伯希和（P.Pelliot）对此书作了笺注。随着中外交通史研究的兴起，冯承钧曾将伯希和的笺注翻译成汉语，收录于其《史地丛考续编》，于是这部温州文献进入国际学术主流的视野而引起国人的重视。巧合的是，两位温州学者夏鼐（1910—1985）和陈正祥（1922—2003）都曾校注笺释过这部温州文献，而且两人之间还有些交集，似有可发之覆。

一

陈正祥认为是自己激发了夏鼐对《真腊风土记》的研究。陈正祥是享誉国际的地理学家，1922年出生于温州乐清柳市，曾就读于温州中学初中部，1942年毕业于中央大学理学院地理系，1948年起任台湾大学农学院教授，创办敷明产业地理研究所，1964年起转任香港中文大学讲座教授，晚年旅居意大利等地。他较早地进入了国际学术界高层，曾多次被选入国际地理学界各专门委员会，并于1959年在柏林发起组织世界农业地理委员会。他一生以中、日、英等文发表论著600种以上，其中以《中国历史文化地理图册》《中国土地利用》《中国文化地理》《台湾地志》等最为著名。

注释《真腊风土记》，实为陈正祥一系列游记选注计划之一。他曾在1969年就出版了《真腊风土记的研究》（香港中文大学研究院地理研究中心研究报告第22号），1975年在此基础上修订出版了《真腊风土记研究》（香港中文大学出版社），后来又作修订将此书收于其《中国游记选注》（香港商务印书馆1979年版，台湾南天书局1994年版）。《真腊风土记研究》第一部分介绍了《真腊风土记》的学术价值；第二部分《古代扶南与中国的接触》，第三部分《隋书与唐书关于真腊的记载》，第四部分《安哥时代》，第五部分《元兵的征讨与周达观的南行》，可见第二至第五部分几乎是一部中国与柬埔寨的交通史或是一部古代柬埔寨史；而第六部分是在实地考察、测量的基础上对《真腊风土记》的注释。

陈正祥与夏鼐交好，在给朋友的私人信件中称呼夏为"夏鼐大哥"（见游修龄《学识精深、德行卓然——记地理学家陈正祥》，载《瓯歌：〈温州读书报〉文选》，上海远东出版社，2011）。夏鼐去世后，陈正祥还曾专门著书纪念，其《草原帝国：拓跋魏王朝之兴衰》（香港中华书局，1991）的题词曰"谨以此书纪念亡友夏鼐教授"，在书首的纪念文章中，描述了两人关于《真腊风土记》的交集：

一九七五年底，我寄赠一册刚出版的《真腊风土记研究》，据说过了三年才收到，他读后想写书评，认为我对自然方面的注释超越任何人，但考古和当地方言尚有可商酌之处。我鼓励他写，可假设自己不认识我，要作彻底的批评，勿因友谊而失公正，因为中国正需要建立健全的书评制度。过了几年，我收到他寄赠的《真腊风土记校注》，他竟把所说的书评变成了一本书。我去柬埔寨作过实地考察，他没有；我就把所有照片都给了他，因为我书上印出来的不到十分之一。

夏鼐读了陈正祥的《真腊风土记研究》，从地理、考古和方言三个方面作了评价，甚至还有不少负面的评价。陈正祥当时就带着自矜——“自然方面的注释超越任何人”——“鼓励”“夏鼐大哥”写书评，要求作彻底的批评。但是，夏鼐并没有发表书评，“竟把所说的书评变成了一本书”，好像是因为不满陈正祥的注释而干脆另起炉灶，似乎是友朋间的学术竞赛：小叩而大鸣，抛砖而引玉，陈正祥的“研究”刺激了夏鼐的“校注”。除了选题上的刺激，陈正祥还有具体的支持：寄去柬埔寨的考察照片——陈正祥寄赠《真腊风土记研究》，不过是“嘤其鸣矣，求其友声”之意趣，但寄赠柬埔寨考察的照片，那一定是让夏鼐用于出版《真腊风土记校注》了。

二

从夏鼐《真腊风土记校注》（中华书局，1981）看去，似乎也印证了陈正祥的说法。夏鼐是中国著名的考古学家，在考古学、考古学史以及中国考古事业等领域有突出成就，我们翻开《夏鼐文集》《夏鼐先生论著目录》及《夏鼐先生学术活动年表》等自可一目了然。而《真腊风土记校注》应该算是古籍整理领域的著作，在夏先生一堆以考古学为主的学术业绩里，这部校注当然显得很突兀，似乎是夏鼐受到触动而偶然涉足这一领域。

夏鼐《真腊风土记校注》的注释中对陈正祥批驳之处极多，的确是没有“因友谊而失公正”。如《真腊风土记·总叙》“唆都元帅之置省占城也，尝遣一虎符万户，一金牌千户，同到本国，竟为拘执不返”一节中“虎符万户”一词，有些版本作“虎符百户”。夏鼐先引《元史》卷九十八《兵志一》对元代制度作了说明：“万户佩金虎符，符趺为伏虎形；首为明珠，而有三珠、二珠、一珠之别。千户金符，百户银符。”然后分析说：“本书下文紧接‘金牌千户’一语，知此‘虎符’为‘金虎符’之简称，而‘百户’为‘万户’之误。”还阐释了其致误之由：“‘萬’原当写作‘万’，故易误为‘百’。”并在最后批评陈正祥说：

陈正祥不知元代制度，且误以招抚使节为远征军分队之领队军官，故误以为“错在虎符二字，而百户的军阶不误”。陈氏又斥涵芬楼《说郛》本迳改为“虎符万户”为非，亦误。实则本文虎符万户在前，金牌千户在后，乃一正一副，官衔亦合元代遣使制度。后来各刊本误万为百，应据《郛》甲本校正。陈氏之论断，实为是非颠倒。

所以陈正祥1979年出版《中国游记选注》时，就对“虎符万户”的注释作了修改：“这个‘虎符万户’，许多版本误作百户。按虎符和金牌，是元代军队的阶级标记，分为万户、千户、百户等三阶，再别为上中下三级……故涵芬楼《说郛》本改作‘虎符万户’。”大约是接受了夏鼐的批评的结果。夏鼐《真腊风土记校注》中诸如此类的批评，可以说是否定了陈正祥的大部分注释成果，举凡制度、语言、史实、名物，甚至还包括陈正祥专擅的历史地理领域，都提出了不同的意见。

当然，夏鼐并没有一棍子打死《真腊风土记研究》，还将其列为参校本之一。从古籍整理的版本学角度看，陈正祥本是不足以成为独立的参校本，但夏鼐还是吸收了陈正祥亲历其地实测的成果。如《真腊风土记·城郭》开篇描写真腊都城云：“州城周围可二十里，有五门，门各两重。惟东向开二门，余向开一门。城之外皆巨濠，濠之上皆通衢大桥。桥之两傍，共有石神五十四枚，如石将军之状，甚巨而狞，五门皆相似。”这里的“共”字，夏鼐校曰：

陈正祥本改“各”为“共”，以求符合实数。

陈正祥本即指陈正祥的《真腊风土记研究》，陈在注文中说：

这些石神，排成左右两行，每边各有二十七个，两旁合计为五十四个，但所有版本皆作“两傍各有石神五十四枚”。我亲自点数过，每边是二十七个。这可能是后人把“共”字误改为“各”字，但也可能是周达观记错了。

这一观察在布里格斯《古代吉蔑帝国》一书中也得到印证，夏鼐综合两人所述，校改“各”为“共”字。有意思的是，陈正祥《中国游记选注》中又将此“共”改回“各”，并在《引言》中作了迂曲的解释：“‘桥之两傍各有石神五十四枚’，是指五条通衢大桥的两傍各有石神五十四枚。”这五十四个石神，其实是印度教创世神话中的“善”“恶”两方神祇，两方神祇的协调，才创造出世界。从文义上看，的确以“共”为佳。

总之，从夏鼐《真腊风土记校注》看，夏鼐虽然也部分接受了陈正祥的思考，但更多的是超越了陈正祥的注释，尤其是从古籍整理的角度看，两者并不在同一水平线上，那么这个“超越”是不是陈正祥激发出来的呢？随着《夏鼐日记》的出版，我们可以看到陈正祥的“刺激说”并不正确。

三

夏鼐很早就有整理《真腊风土记》的计划。1962年1月起，夏鼐就开始着手整理《真腊风土记》，还阅读了与柬埔寨相关的著作，如布里格斯《古代吉蔑帝国》、伯希和《真腊风土记新释》、小格罗斯利《吴哥的艺术和文化》等；并取《古今说海》本、《古今逸史》本、《历代小史》本、《百川学海》本、百二十卷本、《图书集成》本、瑞安许刻本、四库本等作为参校。

我认为夏鼐此时着手整理《真腊风土记》，是与北京大学历史系编印《中外交通史籍丛刊》计划有关，《真腊风土记》是丛刊的选目之一，夏鼐《真腊风土记校注·序言》中说：

> 向达同志在世时，曾打算将《真腊风土记》列入他所主编的《中外交通史籍丛刊》中，并注明采用《古今逸史》本。我当时便告诉他，我已有合校本初稿。他拿去后，不久即去世，那本初稿也不知下落。幸得我还保存未加清理的原始稿。

而且夏鼐还参与了其他几种史籍的讨论，据谢方的说法，1961年1月，北京大学历史系主任周一良给中华书局金灿然的信中，提到《大唐西域记校注》的出版计划时说：“请中华召集一个会，北大同志之外，请周叔迦（佛教会）、石峻（人大哲学系）、夏鼐（考古所）、贺昌群（科学院）等参加。”（见《二十六年间——记〈大唐西域记校注〉的出版兼怀向达先生》，载《谢方文存》，中华书局，2012）。不过，夏鼐的整理计划和工作过程并没有公开，而此时身在海外的陈正祥自然不能知晓，所以他在1979年《中国游记选注》中说：

北京大学历史系在1960年曾计划编印《中外交通史籍丛刊》，选择《真腊风土记》等四十二种重要著述，搬详加校注。后由中华书局出版其中《西洋番国志》《郑和航海图》《两种海道针经》数书；《真腊风土记》的校注本则始终未见问世，也可能根本没有进行。

夏鼐后来重新开始整理《真腊风土记》，也是因为《中外交通史籍丛刊》。《夏鼐日记》1976年5月10日载“中华书局谢方同志来约稿，因为他听徐苹芳同志说我有《真腊风土记》合校本”，谢方此时正主编《中外交通史籍丛刊》，大约此后不久，夏鼐就开始重新整理的工作，《夏鼐日记》1976年11月3日记载谢方希望他次年能交稿，即是证明。实际上，夏鼐迟至1980年4月左右才交稿，后来看校样时，还在吸收其他人的研究成果，至1981年5月27日，还将新读到的台湾金荣华《真腊风土记校注》成果收入自己的校本之中。

据前引陈正祥的描述，夏鼐应该在1978年前后收到了陈正祥寄赠的《真腊风土记研究》，可惜《夏鼐日记》并没有记载收到此书的时间。而夏鼐的整理工作则是在1976年就开始了。至1980年2月26日，《夏鼐日记》才出现阅读陈正祥《真腊风土记研究》的记录，至此年3月2日载“将陈正祥《真腊风土记研究》中可采或可批的地方，分别收入我的《真腊风土记校注》草稿中”。那么，至少，陈正祥《真腊风土记研究》并不是刺激夏鼐进行校注的主要原因了。

四

除《中外交通史籍丛刊》计划主导促进外，我认为夏鼐校注《真腊风土记》的内在动力是因为“温州”。夏鼐在《〈真腊风土记〉版本考》中说：“我从前家居无事时，因为周达观是我的老乡，我对他的书发生兴趣。”1942年11月18日，《夏鼐日记》的确记录他曾阅读伯希和《真腊风土记笺注》。而且在二十世纪七十年代作校注的过程中，夏鼐还向中华书局要求温州老同学王祥第参与校注，使得这一工作更具有乡土意义。

夏鼐在《真腊风土记校注》中还非常关注有关温州的信息，如《真腊风土记·鱼龙》中提及了“龟脚”一名，夏鼐注曰：

伯氏初注及新注布氏书译注皆误认为乌龟之脚。周达观温州人，龟脚乃温州人用以称石蜐（或作石砝，学名为*Mitella*）之土名。今温州仍有出产，仍称之为龟脚。晚清福州人梁章钜曾寄寓温州，其所著《浪迹续谈》中《海错》条，述及温州土产海鲜云："龟脚即石砝。郭景纯《江赋》：'石砝应候而扬葩'，注引《南越志》云石砝形如龟脚，得春雨则生花。"江淹有《石砝赋序》云一名紫虈。又《本草》作石蜐，一名紫虈，生长东南海中石上。又《平阳县志》一名仙掌。吾乡（按指福州府长乐县）谓之促虈。其花似爪，爪下皮内有肉，甚美；惟长乐海滨有之，不能至福州（按指府治）。余至长乐，始得屡食，而署中上下内外人等，皆未曾见过，方相与笑诧其形，更不如何烹制矣……

如此长篇大论，早已超出了名物注释的范围，而成了一段笔记掌故。同样要指出的是，陈正祥虽然没有过多关注对这些温州名物的注释，但对周达观记录之详尽、客观仍极为赞赏，而且自豪之情跃然纸上，因为"《真腊风土记》不但是该国最好的古地理，而且还可以弥补其正史的残缺"，"周达观的名字，在柬埔寨远比在中国响亮"。这大约也是和夏鼐出于相近的心理吧。

整理乡土文献，很多时候对当地学者而言，意味着一种使命。他们受到传统的感召，通过收集、阅读、整理、传播乡邦文献，以延续地方文化，或者将自己置身于这个文化传统的序列之中，以待后来者，更或者自信自身就是再现的传统。这种观念或情感类似于西方学者提出的Charisma。Charisma原指因蒙受神恩而被赋予的天赋，希尔斯《论传统》中引申了Charisma的含义，他认为社会中的一系列行动模式、角色、制度、象征符号、思想观念和客观物质，由于人们相信它们与“终极的”“决定秩序的”超凡力量相关联，具有令人敬畏、使人依从的神圣特质。乡土的传统，尤其乡土文献，正具有这种感召力和神圣特质。从这个意义上看，孙诒让撰写《温州经籍志》、黄群编印《敬乡楼丛书》都是因为这种感召力和神圣特质，而夏鼐和陈正祥对温州人著作的校注笺释自然更是如此。

从概念史看饶宗颐的“正统论”

中华书局2015年新版之《中国史学上之正统论》为著名学者饶宗颐先生的代表作之一。全书分为“通论”与“史料汇编”两大部分，通论部分阐述了正统观念在中国历史上的表现，探赜索隐，考订详细，尽显作者文献目录学上的功力。“信以传信，疑以存疑”，是“由博反约”的佳例。史料部分汇编历代有关正统的论述，取材赡博，不乏秘本僻书，学者至今称便。两部分有机结合，形成了独具一格的编纂形式，朱维铮先生在序言中对此推崇备至。

此书1977年由龙门书店在香港初版，1979年由宗青图书出版公司在台北刊行，1996年由上海远东出版社在内地发行简体字本，又收录于2003年台湾新文丰股份有限公司及2009年人民大学出版社出版的《饶宗颐二十世纪学术文集》第六卷《史学》，改题为“国史上之正统论”。此书于海峡两岸暨港澳地区一再付之梨枣，可见出版界的重视。几十年来，学者讨论“正统论”，批评弹赞，无不以此著为重要参考。中华书局此次再版，定将再度引起读者的关注。下面先谈中华版校订上的得失，再从概念史研究的角度谈谈我对此书的理解。

一

中华书局版修订了部分标点符号，使文意更为显豁，并为年号纪年及干支纪年附注了公元纪年，以省读者翻检之劳，更重要的是修订了旧版的一些错误。如第九章《金、元及明初之正统论》中提到《通鉴续编》一书的作者，上海远东版、人大版皆题为“陈柽”，台湾新文丰版“通论”中题为“陳檉”，仅是繁简体之别。《通鉴续编》的作者，四库本题作陈桱；黄宗羲《宋元学案·东发学案》、《四库提要》编年类、谢国桢《江浙访书记》等也都著录为陈桱。《宋元学案》称“陈桱，字子经”，桱，《类编》中释为“经丝具”，正与其字相关，但颇有一些论著将“陈桱”误印为“陈柽”，此次中华版已将其改正。

另外，中华版还核对了饶著的引文。如该书资料一所收录晋习凿齿的《晋承汉统论》一文，饶先生加了一则按语，引用《世说新语·文学》刘孝标注以印证习凿齿的观点。上海远东版及台湾新文丰版作："凿齿《集》载其论略曰：'静汉末累世之交争，廓九域之蒙晦，大定千载之盛功者，皆司马氏也。若以魏有代王之德，则不足有静乱之功，则孙、刘鼎立……'"句意颇难理解。中华版此句据《晋书·习凿齿传》而改作："凿齿《集》载其论，略曰：'静汉末累世之交争，廓九域之蒙晦，大定千载之盛功者，皆司马氏也。若以魏有代王之德，则其道不足；有静乱之功，则孙、刘鼎立。'"虽不复为《世说新语》原文，但句意和语气都通顺了。

不过，中华版以龙门书店初版为底本，而不是以《饶宗颐二十世纪学术文集》为底本，虽然很具有纪念意义，但未能吸收饶先生自己的一些修订，殊为可惜。如第四章《邹、刘五德之异义及正闰说之缘起》论及邹衍、孙膑、《吕氏春秋》及刘歆《世经》等的"五德相胜说"，早期诸版总结的第二条为："邹、吕以土克木，木克金；孙则以金克木，木克土；刘则水生木，土生金。"这与前文所论相抵牾，前文指出邹、吕"五德说"相胜的顺序为"土、木、金、火、水"，而且《吕氏春秋》明确提及"代火者，必将水"，以此类推当为"木克土、金克木"，所以《饶宗颐二十世纪学术文集》修订为："邹、吕、孙皆用相克论，刘则用相生论。"台湾新文丰版还将邹、吕"五德相胜说"的示意图的箭头方向作了修改。中华新版未能吸收这一类修订，而且，还新增了若干手民之误，正所谓“校书如扫落叶”，实在遗憾。

二

本书龙门书店初版本有副标题“中国史学观念探讨之一”，上海远东版则将之删去，中华版同样没有保留，弱化了重要关键词“观念”，强调了“史学”或“史学史”。饶著开篇即言：“中国史学观念，表现于史学史之上，以‘正统’之论点，历代讨论，最为热烈。”其第五章至第十一章所涉及的“正统论”，也多与史籍编撰密切相关。如第十一章《宋、元、明以来本正统观念改撰之史书》指出“温公《通鉴》帝魏”，“刘恕非之”，张栻作《经世纪年》非之，胡致堂《读史管见》非之，至朱子则撰《通鉴纲目》，“乃以昭烈为正统，承献帝之后，绍汉遗统”。“自此以后，论蜀正统问题者议论蜂起，而改撰三国之书亦接踵而兴矣”，如萧常《续后汉书》、郑雄飞《续后汉书》、翁再《蜀汉书》、郝经《续后汉书》、赵居信《蜀汉本末》、张枢《刊定三国志》等。

而且，梁启超1902年在《新民丛报》上发表的《论正统》为其《新史学》的重要组成部分；内藤湖南对“正统论”的意见也见于其《中国史学史》一书；钱锺书《管锥编》论《全晋文》中习凿齿《临终上疏》时，也提到“唐以来‘正统’‘闰位’遂成为史论一大题目”；被杜维运、黄进兴选入《中国史学史论文选集》（华世出版社，1976）的陈芳明《宋代正统论的形成背景及其内容》一文，其副标题是“从史学史的观点试探宋代史学之一”，开头说：“史学发展到了宋代，才对正统观念作正式的讨论，不能不说是中国史学史上的一大转变或发展。”可见，长期以来“正统论”被认为是史学、史学史上之一重要话题，饶先生旧题并无问题。

不过，《饶宗颐二十世纪学术文集》第六卷收录此书，改题为《国史上之正统论》，则是将“正统论”置于更广阔的论域中探讨，由此可见饶先生思想的变化和治学的严谨，因为“正统论”逸出了史学或史学史的畛域。如本书第二章《汉人之正统说》提到“正统”观念还表现在乐理、历法上；第三、四两章提到以“五德终始说”为理论依据的“正统论”，实则是为了论证政权的合法性和合理性问题，当然也不能囿于“史学”和“史学史”之内了；第十章《明清学人统纪之著作及正统说》也明确意识到“明初修《元史》，王袆、胡翰、贝琼皆与其事，惟有关正统之作，则为学术之探讨，非由修史而发”；第十三章《结语》提出“‘统’之意义，由时间转为空间”，“温公谓‘苟不能使九州合为一统，皆有天子之名而无其实也’，东坡谓‘正统云者，犹曰有天下云尔’，皆从空间立论”，“此一义后来且影响及于实际行动，元世祖之灭宋，即由此一观念所策动”，“故元之有宋，即为争取正统”，这当然不能以“史学”或“史学史”来限定了。

可以说中国历史上的“正统”观念更接近于葛兆光先生所说的“一般知识、信仰和思想”，所以饶先生后来改题为“国史上之正统论”，更为合适。从本书初版副标题中关键词“观念”以及后来改题这些情况看，我认为饶先生这部书便可以从“概念史”的角度来理解。

三

饶著《小引》中提到了二十世纪七十年代先生有“耶鲁大学研究院客座教授”“法国远东学院研究工作”等学术经历。此时，欧美正兴起一股概念史研究的思潮，当然，饶先生并没有说明自己与概念史研究潮有直接的关联，但饶著的确可以与概念史研究互相发明。

概念史研究，也有人称观念史研究，如美国学者洛夫乔伊《存在巨链：对一个观念的历史的研究》（1936）将“存在”这一观念视为一种连续不断的巨大的链环，并探讨其产生与发展的过程；在德国，概念史和历史语义学相近，学者认为历史中的基本概念既是历史进程的推进器和指示器，考斯莱克

（Reinhart Koselleck）等主编的《历史中的基本概念：德国的政治—社会语言历史辞典》（1972—1992）为代表之作；这一研究思潮，在欧洲不乏响应者，如英国学者雷蒙·威廉斯《关键词：文化与社会的词汇》（1976）、斯金纳《近代政治思想的基础》（1978）等，至于以赛亚·伯林对“浪漫主义”“启蒙”“自由”“现实感”等的研究，也可视为英国概念史研究的典型。最近，中国学界也逐渐对概念史研究产生了浓厚的兴趣，如台湾政治大学出版了《东亚观念史集刊》，北京生活·读书·新知三联书店出版了《亚洲概念史研究》集刊，更有一些硕博士论文从概念史角度展开，最近方维规主编《思想与方法：近代中国的文化政治与知识建构》中所收录论文，也多为概念史研究之作，这里就不详细展开了。

概念史研究引入了索绪尔在语言学上“能指”与“所指”之分，特别注重“概念”之“能指”在词汇学意义上的历史渊源。饶著开篇即言，“‘正统’，说者以为起于宋，似是而实非也”，“欧公谓‘正统之说，始于《春秋》之作’，是矣”。所谓始于《春秋》，是指“正统”乃撮《公羊传》隐公三年“故君子大居正”及隐公元年“大一统也”两语而成。这一点前人论之颇详，而饶先生则更用力于“正统”概念的“所指”层面上，即“虽不用正统之名而意则指正统”的那些表述。如饶著第一章《统纪之学》所训诂的“统纪”二字，第二章《汉人之正统说》考释的“一统”一词，以及班固于《东都赋》赞光武所说的“系唐统，接汉绪”一语，甚至将未为天子的项籍列入的《史记》“本纪”体例，都可视为“正统”概念的不同表述。“正统”这一“能指”，以及上述这些特定历史时期特定领域中不同的“所指”，在词汇层面建构起了“正统”概念史。

概念史另一个任务是还原概念的历史语境。饶先生论述中侧重于“正统论”在历史上的表现（尤其是那些表现在史籍编撰上的指导性作用，也正是这一点，论者多以为“正统论”为“史学史”上一个重要的论题），但对这些表现背后的语境分析惜墨如金。少数涉及语境分析也极发人深省，如饶著第十一章《宋、元、明以来本正统观念改撰之史书》言张栻为诸葛武侯作一新传，引明程敏政跋批评道：“南轩（张栻）以丞相忠献公（张浚）之长子，当宋社之南，力排和议，倡复仇之举，其心事实与武侯同，故惓惓订此传以见志，大类考亭之注《楚辞》，有深意存焉。”

最后，概念史研究还要梳理概念的逻辑依据和思想世界。饶著第十三章《结语》指出，“中国史学上之正统说，其理论之主要根据有二”，“一为采用邹衍之五德运转说，计其年次，以定正、闰”，“另一为依据《公羊传》加以推衍，皇甫湜揭‘大一统所以正天下之位，一天下之心’，欧公继之，标

‘居正’‘一统’二义，由是统之意义，由时间转为空间，渐离公羊之本旨”。这两种理论依据，既可视为“正统论”之思维框架，只有把握其思维框架和历史语境，才能从历代“重床叠屋”中看出“精义纷披”来。同时，这两大框架也可视为“正统论”的两大历史阶段，也即大约宋代以后，学者就不再坚持“五德运转说”作为“正统论”的理论依据了。这样就在宏观上建构起了“正统”这一概念之史。

中国历史上关于“正统”的讨论，往往是站在“正统”的立场上是丹非素，如欧阳修在《正统论》中所言：“为《南史》者，诋北曰虏；为《北史》者，诋南曰夷。”概念史研究正是要摆脱这一局面，从后设的视角展开讨论。饶先生梳理的“正统”这一概念之史，让读者可以自外于“正统”的思维框架来观察中国历史（或者更具体地说，中国历史编撰）。但是，饶著并没有着重于“正统论”两个思维框架演变过程的分析，而是侧重于“正统论”表现的文献梳理，因此本书概念史研究的范式意义并不显著，所以雷家骥批评说：“饶著最令人遗憾之处，乃是大量胪述史料，而乏深入的分析，因而往往不能有效的溯本推源，使问题的系统架构整然彰著。”（《两汉至唐初的历史观念与意识》，书目文献出版社，1987，第85页）不过，三十多年前的著作仍有再版的必要，也许正是“文献梳理”的意义吧。

充实而有光辉的探索
——读陈广宏《中国文学史之成立》

一

十九世纪末二十世纪初，“中国文学史”书写活动逐渐兴起，一百多年来在文学教育、文学研究以及整理文化遗产、铸造民族国家的过程中，起到了无可替代的作用。学界对此已有反思及后设研究，即“文学史学”的展开，可粗略地分为“文学史理论”及“文学史学史”两个方面的研究。二十世纪八九十年代开始，学界展开“重写文学史”大讨论，旨在指导文学史书写实践，人们才比较深入地思考文学史书写活动的本质和意义，进入“文学史理论”的探索。相对而言，“文学史学史”的研究起步更晚，直至二十一世纪才有直接以此为题的专著出版，如任天石《中国现代文学史学发展史》、董乃斌《中国文学史学史》等。不过，因为其研究对象即各类中国文学史著数量虽巨，但佳作寥寥——龚鹏程曾讥笑这一两千部文学史，“伐木造纸，殆已毁了数十座森林”，反倒给“文学史学史”的梳理带来便利。有识之士早已作了丰富的论述，除上列二书外，如戴燕《文学史的权力》、陈国球《文学史书写形态与文化政治》、陈平原《作为学科的文学史》等重要专著，或着眼于权力，或偏重形态，或回归现场，详加考论重要的文学史家及文学史著，各自从不同视角精彩地勾勒了中国百年文学史书写的起承转合。可以说，尽管这一领域似乎仍有很大的学术空白可供填采，但如果仅仅只是拾遗补缺，势必难以独树一帜，必须扩大视域才能有所创获。复旦大学陈广宏教授的新著《中国文学史之成立》，即堪称该领域扛鼎之作。

《中国文学史之成立》正文分三编九章，书末有《中国文学史著作编年简表》及附录四篇，凡四十五万字，揭示出“文学史”这一近现代西方知识体系的来龙去脉、基本结构、价值基质，集中探究这一知识体系向东亚传播的历史脉络和空间途径，展示其中过滤、改造、解构、重塑等种种经验。全书架构俨然，陈言务去，有峻洁之美，考证精细而能见其大，洵为充实而有光辉的探索。应该提醒读者的是，作者还曾参与编写章培恒先生主编的《中国文学史新著》，身经其役，对文学史理论别具只眼，可详参作者另一部著作《文学史的文化叙事》。

阅读《中国文学史之成立》，首要感受即此书扩大了中国文学史书写考察的地理尺度，不只是从中国自身的历史脉络来考察，更主要是将其置于明治日本以及近代西方的文学史书写活动的整体脉络中考察，这样才能真正揭示中国文学史的发生过程。因为中国文学史之成立，首先是有中西文化交流这个大背景，其次是有西学东渐过程中的日本中介，在这样的历史脉络中，中国现代学术制度的建立带来了作为学科的文学史。这就在事实上要求必须同时考察近代西方和明治日本。这虽是老生常谈，但此前却无深入、全面的专著，陈著将这一领域推向新的高度，实在可喜。在这样的视野下，陈著提出不少新颖的观点，弥合不少矛盾的现象，比如我们借此了解被称为“错体”的林传甲版文学史是接受欧洲古典语文学或修辞学的思想，而黄人版吸收的是维多利亚时代以来英国文学思潮。同时，陈著考察文学史的成立，不只是着眼于体例、结构、书法、史观等叙事层面的问题，还扩大学术方法的视野，使全书带有概念史研究的色彩，指出“文学史”是一种知识体系，是西方文化近代转型的产物，是近现代西方思维框架的组成部分，是“文学”民族化和审美化的结合，其肌理就是浪漫主义和历史主义。陈著内感应着“文学”这一概念的历史演变，外缩结着现代学术制度的空间传播，呈现出极为宏大的格局和整然昭著的架构。

二

不少著作因为逻辑需要或为了观照体系的完整性，往往会牺牲某些局部的原创性；反过来，另一些著作却是散钱失串，缺少整体架构，读来令人目迷五色，不知其指归。陈著则同时兼顾了“大判断”和“小结果”。正文三编九章，或考掘相对稀见之史料，或考论学术史上不太有名的人物，或考释被人遗忘的学术公案，皆为读来令人神往之作。如第一编第一章据新发现的斋藤木文学史讲义立论；第一编第三章据“皇家亚洲文会北中国支会”的相关文件勾连日本学者狩野直喜在上海与欧洲汉学界的联系；第一编第二章所考论的赤门文士、第二编第二章所考论的太田善男，或许算不上学术史上的明星，却无疑是中国文学史学史中的重要人物；又如第二编第三章，则考释了曾毅编译儿岛献吉郎的著作而写成的《中国文学史》，厘清百年前的抄袭公案。可以说，每一篇都不是点到即止的泛泛之论，读来令人耳目一新。

在每一章的专题之外，作者以长达65页的序章和共计18页的三篇概说，将散钱归索，形成一个整然昭著的架构，如常山之蛇，击其首则尾至，击其尾则首至，击其中则首尾俱至。至于中国文学史成立过程的翔实信息，则由书后所附《中国文学史著作编年简表（1854—1949）》呈现，简表与正文之间，犹如太史公《史记》创立十表与纪传互见，保证了史实的完整性，又进一步支撑了唯陈言之务去的原创性，令全书有峻洁之美。

跟随陈著的架构，中国文学史之成立过程昭然可见。第一阶段是文学史书写从近代西方到明治日本的传播，即第一编《明治日本：新旧汉学之间》的主要内容，可谓是中国文学史书写的“史前史”。明治日本以大学分科为标志的现代学术制度之建立、以赤门文士为代表的泰纳文学史观的引入、以狩野直喜为代表的中国小说戏曲史研究的发端，正是明治日本学者中国文学史书写活动的三个标志性事件。陈著借助日本学者中国文学史著由粗转精的显性表现，挖掘出日本汉学由古向今转型的隐性因素，本编三章展示了日本传统汉学向新汉学过渡、实证主义思想与社会学研究方法在中国文学史书写中的普及、狩野直喜完成新汉学向现代学科转型的过程。而这些都是晚清中国学者文学史书写借鉴的资源，可以说，没有这个“史前史”，则无法精准把握清末民初的中国文学史书写。

第二阶段是晚清中国对明治日本中国文学史书写的移植，即第二编《清末民初：新知的移植与调适》的主要内容。本编三章以林传甲、黄人、曾毅三部《中国文学史》为线索，展示当时中国学界文学史书写所受的外来影响：从外在学科构架到核心观念，从具体的观念、理论再到相对完整的文学史学术体系的植入过程。这些论题学界已有简单涉及，但将林传甲置于“明治日本学者的文典及修辞学——西方古典语文学”的脉络中，将黄人置于“日本明治二十年以来的文学论——英国19世纪文学观转型”的脉络中，将曾毅置于“新汉学者的文学史模式——法国泰纳的文学史模式”的脉络中，都是学界未曾展开的，陈著第一次展示了早期中国文学史著的学术渊源。

第三阶段是民国时期中国文学史体系完成本土化，即第三编《胡适之后：文学史建构的多维拓进》的主要内容。“五四”以来，在胡适的影响下，中国文学史体系的建构进入新的阶段。一是“纯文学史”书写，二是“俗文学史”书写，都彰显了中国文学史书写的新动向，作者特别指出这两种文学史书写的背后，仍有日本学者的影响。全书最后一章，专论刘大杰《中国文学发展史》，认为至此中国文学史体系完成本土化实践。

全书脉络清晰，抓住中国文学史书写史的关键节点，勾勒出中国文学史学史的成立过程。

三

上面抽取中国文学史成立的框架，不免掩盖了作者精彩的思辨，尤其是细节的考证，可以说上述整个大框架都是建立在大量的外语与中文文献及其严谨的考证之上。比如我曾认为末松谦澄《中国古文学略史》（1882）是明治新学科体制的产物，这里的“文学”也是现代意义上的文学概念，而非“‘古文’学”，因为末松氏另有《希腊古代理学一斑》，而“文学”“理学”正是明治新学制中的两大学科，加上伊藤博文女婿的身份，这位剑桥大学的留学生为新学制呐喊，自是顺理成章。而陈著特意指出末松氏《中国古文学略史》是在英国的演讲，其“古文学”是学习欧洲历史编纂法的产物。正是“英国”这个关键信息，将末松此著放回欧洲的学术场域来理解，避免了不必要的联想。这样的例子很多，粗看起来无关宏旨，实则考据精细而能见其大，有些启人深思的段落，几乎能引出一篇专题论文，甚至写成一篇硕博士论文。下面我简单举几个例子。

书中考察了“文学”概念的形成，这个概念与中国传统的文章、文辞以及文学等概念有交叉有分别，极易引起混淆，一不注意就会循环论证。比如有人认为孔门四科的“文学”，宋人注成“文章博学”，所以已经包含了literature含义。或者说《世说新语》中“文学”部分包含了诗歌的内容，于是认为至迟在这一时代的“文学”中就有了literature含义。更加上晚明以来来华传教士的译词，比如很多人用“文学”来译rhetoric，高一志用它来译philosophy，林乐知用它来译education，高丕第用它来指“语言文字之学”，“文学”用得非常之广，不容易判断是不是今天意义上的literature译词，至于这个概念的历史演变更难以梳理清楚。陈著对此有大量的辨析考据，并提出“文学”（literature）现代意义衡量标准和新概念在制度上的临界，认为“文学”新含义是“伴随着民族化”（当然还可以加上韦勒克所说“审美化”），“国别文学概念的出现，是现代意义的文学、文学史观念得以确立的一个至关重要的因素，那么，作为跨语际的转换，像东京大学那种国别文学学术体制的形成，正可看作是新概念在制度上的临界”（《中国文学史之成立》，第39页）。这个判断为“文学”概念史的研究制定了一个标准，可以防止拼命拉长中国“文学”（literature）概念史的冲动，为文学史、学术史、概念史的研究都提供了一个参考和界限。作者的考据严谨细密，但并不是为了考据而考据。

再比如，书中指出古文运动以来，“文章”一词发生了重大变化，这一点已经有人指出，如钱基博《文心雕龙校读记》："周濂溪称文以载道，所以显文章之大用。而彦和则论文原于道，所以探制作之本原。"而陈著则进而追问这种变化背后的意识形态或思维结构，自《周易》以来，"文"是自然之道这种"神理"的呈现，基于这种宇宙之自然构成法则的认识，注重语言文字形文、声文等组织构造，是中古文学追求的一个重要目标。而古文运动以来，"道"已转为伦理学意义上的社会伦常秩序，因而文学观的重心，由关注文学如何表现的形构论，向文学表现什么的价值论的范式转换。这个概念史研究，固然基于大量的考据辨析，但最终将文道关系作了明确的划分，很好地阐释了中古与唐宋文学演变问题，也阐释了"文章"与"文学"（literature）的区别。

还可以举一个与全书主题关联不大的例子。唐圭璋《两宋词人占籍考》是一篇比较独特的文学地理学研究论文，这种研究思路是唐先生的独创，还是另有渊源？我一直找不到线索。陈著第一编第二章论及泰纳"种族、环境、时代"的著名理论对赤门文士的影响时，揭示藤田丰八、古城贞吉、笹川种郎、久保天随等人的中国文学史著作建构了中国文学南北异同论，提及后来铃木虎雄关于中国文学家地理分布的研究更为细密。陈著提供的这一信息，似乎可以解决中国文学地理学史的一个重要问题，甚至进而讨论刘师培《中国文学南北不同论》、王国维《宋元戏曲史》文学地理思想的渊源，也为现代中国文学地理学的渊源提供了思考的方向，或者进而可以探究现代中国文学地理研究与中国文学史书写之间的关联。总而言之，陈著宏观的视野下，提供了不少其他领域的材料和线索。至于如引用雷蒙·威廉斯《关键词：文化与社会的词汇》中译本时，随手指出文中两个外文书名的疏漏及其通行中译书名等例子，仿佛散落四方的珍珠，每每令人于不经意处收获惊喜。

“充实而有光辉”，原出《孟子》，清人章学诚曾移用作为学术著作的标准，近人严耕望在其《治史三书》中也提出以此为史学论著的标准。充实，就是要材料丰富、论断平允、踏踏实实、不发空论，这样的论著，才能算得是有价值。光辉，是比较高的境界，一要有见解有识力，二要工作规模恢宏、组织严密，且有创获。这两个词其实是杨联陞称誉严耕望本人的评语，只不过严耕望在书中隐去不说而已。我觉得这两个词也不妨移来评价陈著《中国文学史之成立》。